中公新書 1696

JN275842

大久保喬樹著

日本文化論の系譜

『武士道』から『「甘え」の構造』まで

中央公論新社刊

序　鏡を覗きこむ日本人

日本とは何か、日本人とは何か、日本文化とは何か。こうした問いこそは、日本人の心の中に絶えず流れつづけてきたものだった。無論、どんな民族、どんな国民でも、自分たちがどういう特質を帯びた民族あるいは国民なのか自問自答しないはずはないが、日本人の場合、それはことに著しい性向だといえる。

こうした性向は、おそらく、日本がアジア大陸の東のはずれに位置する小さな島国であるという事情から生まれてきたものだろう。およそ、日本は、文明を形成し、国としての意識に目覚め始めて以来、一貫して、海を隔てて向き合う大陸の文明と自らを比べては顧《かえり》みるという宿命をおわされてきた。文字（漢字）に始まり、行政制度（律令制）、思想宗教（仏教、儒教）にいたるまで、文明の根幹をなすさまざまな仕組みを大陸から取りこみながら、しかも、単なる模倣に甘んじるのではなく、自らの風土、文化にあわせて消化変容し（仮名文字）、あるいは自前の仕組みを対抗、共存、融合させ（神道）というように、したたかに大陸文明とつきあっていく過程で、常に相手との距離を確認し、自分を識別することを習いとしてきたのである。それは、言ってみれば、毎日、毎朝、鏡を覗《のぞ》きこんでは、自分の顔を確かめる習慣のようなものだ。

こうした習慣は、明治以降、近代に入ってからも、相手が中国から西欧に代わっただけで、そっくりそのまま引き継がれて現在にいたるまでつづいている。その時々の時世を反映しながら、日本人による、日本人のための日本論、日本人論、日本文化論の数々が書かれ、読まれ、論じられてきた。

見ようによっては、いじましくも悲しい習性といえないこともないが、ともかくも、日本人は、このようにして自分を認識し、形成してきたのである。そして、その跡を眺めわたすと、実に多種多様な日本というものが見出されるのに驚かされる。日本人が自分を映しだす鏡は、ただの一面鏡ではなく、無数に異なった角度の鏡を組み合わせた多面鏡、万華鏡《まんげきょう》であるのだ。その壮観ともいえる日本人の自画像の諸相をひとつづきのパノラマのように眺めわたしてみる、それが本書の意図にほかならない。

とは言うものの、このパノラマ、なかなか一筋縄でいくような代物ではない。

まず、さかのぼれば、深く大陸文明を理解受容して日本国家の文明化をはかりながら、その一方で、〈日出づる国の天子〉として独立対等の関係を大陸に宣言した聖徳太子しかり、空疎な理屈に縛られた〈唐ごころ〉を排し、おのずから清らかな〈大和ごころ〉に立ち戻ることを説いた本居宣長《もとおりのりなが》しかり、あるいは、大陸と日本の折衷、総合に腐心して〈和魂漢才〉を唱えた佐久間象山《しょうざん》しかり、という具合に、幕末開国以前の長く、豊富な前半期があるわけだが、これについては、本書では扱わず、明治以降、近代の、もっぱら西欧を対比相手とする後半期に焦点を絞ることとする。

ついで、この後半期に絞っても、日本文化のどのレベルに照準をあわせるかによって、大別すれば、社会科学的と人文的の二系統に分かれることになるだろうが、本書では、基本的に後者に比重を置き、主として、自然観、美意識、倫理、形而上学、言語、心理、歴史観などに狙いを定めた。

そして、この範囲でも、すべてを網羅できるはずはなく、私の好みにしたがって選択したうえで、ひと通りの道筋を示すにとどまるだろう。しかし、それでも、それなりに、近代日本人の日本文化に対するヴィジョンの展開の一面を見渡すためのガイドの役回りをつとめることができれば幸いである。

目次

序　鏡を覗きこむ日本人　i

I　明治開国と民族意識のめざめ……3
志賀重昂『日本風景論』　5
新渡戸稲造『武士道』　19
岡倉天心『茶の本』　34

II　民俗の発見……51
柳田国男『遠野物語』『山の人生』　52
折口信夫『古代研究』　68
柳宗悦『雑器の美』『美の法門』　86

III　日本哲学の創造……105
西田幾多郎『善の研究』ほか　106
和辻哲郎『風土』　122
九鬼周造『「いき」の構造』　136

IV　文人たちの美学……153
谷崎潤一郎『陰翳礼讃』　154
川端康成『美しい日本の私』　168
V　伝統日本への反逆と新しい日本像の発見……181
坂口安吾『日本文化私観』『堕落論』　182
岡本太郎『縄文土器――民族の生命力』　195
VI　西欧近代社会モデル対伝統日本心性……207
丸山真男『日本の思想』　208
土居健郎『「甘え」の構造』　223
むすび　239
あとがき　243

写真提供・読売新聞社（111、125、229ページ）

日本文化論の系譜

I　明治開国と民族意識のめざめ

明治維新後、しばらくのあいだ、文明開化の気運に沸き立つ日本社会は、まずは西洋からやってくる新しい近代文化の波を受け入れるのに懸命だった。当時の代表的知識人福沢諭吉の『西洋事情』（慶応二―明治三年〈一八六六―七〇〉）がベストセラーになれば、ベテラン戯作者仮名垣魯文《かながきろぶん》は早速、これに目をつけて、弥次喜多の孫たちがロンドンの万国博覧会見物にでかける道中、馬鹿騒ぎをくりひろげるという趣向の『西洋道中膝栗毛《ひざくりげ》』（明治三―九年）を刊行、これまた、庶民に大受けという具合で、世の中こぞって、西洋にあらずんば文化にあらずというご時世だった。そうした中で、伝統日本文化は社会の片隅に追いやられ、ひっそりと余命をつなぐといった気配であり、日本文化論などもなかなか前面に登場する機会がなかった。

しかし、こうした一方的な状況は、明治二〇年代に入るあたりから、少しずつ、変化の兆しを見せ始める。

この時期、憲法発布、国会開設に代表されるように、ようやく、それまでの国造りの行程が一段落するとともに、それまでの熱に浮かされたような欧化ブームへの反省ないし反動の動きがあらわれてくる。たしかに鎖国から開国へという急激な変化を乗り切るためにこうした闇雲な欧化もやむをえなかったという事情はあり、それなりの成果をあげたにせよ、あらためて冷静に振り返ってみると、いかにも、民族としての主体性が欠落した、にわか仕立ての国のありさまに、これではいけないという危機意識が起こってくるのである。とりわけ、この時期、政治的には、国内的な枠組み造りがひとまず仕上がったのにつづいて、不平等条約の改正、中国、ロシアとの対決という国際的な課題が目の前に迫り、ナショナル・アイデンティティ（国家意識）の確立ということが人々の気持ちを動かし始めてきていたという事情もあった。

そうした状況に呼応するように、世界的な視野から伝統日本文化の独創性、美質、意義、位置づけを説く文化論が、当時の日本においてとりわけ西欧文化に精通していた一群の知識人によって生み出されることになった。

志賀重昂『日本風景論』

欧化から国威復権へ

明治二一年、三宅雪嶺《みやけせつれい》、杉浦重剛《じゅうごう》、志賀重昂《しがしげたか》らによって結成された政治文化団体政教社は、雑誌『日本人』（後に『日本及《および》日本人』に改称）を刊行して、開明的な立場に立ちながらも欧米に追随するのではなく、日本の主体性を推し進めていくことを主張し、国権意識のめざめに大きな影響を与えたが、この結社の中でも、最も行動的な論客として活躍したのが、志賀重昂だった。

文久三年（一八六三）、三河国（愛知県）岡崎藩士の家に生まれた志賀は、東大予備門を経て、明治一三年、札幌農学校に入学、ここで、当時まだほとんど知られていなかった北海道奥地の数々を踏破するなど、探検家としての下地を大いに養った。そして、卒業翌年の明治一八年、朝鮮情勢を懸念して対馬《つしま》に渡ったのを皮切りに、同一九年には、軍艦筑波に乗り組み、フィジー、サモア、ハワイなど南洋諸島を視察して、帰国後『南洋時事』を発表、列強に対抗して積極的な海外進出を行うことを説いた。これ以降、志賀は、昭和二年に六三歳で没するまで、生涯にわたって、中国、ロシア、アフリカ、南北アメリカ等、世界各地に探検的な旅をつづけ、その見聞をもとに、人文地理事情の紹介を行うとともに、日本からの植民、開発の拡大をめざして啓蒙活動、政界活動を精力的に行った。

こうして、志賀は、日本人としては稀《まれ》なスケールの国家主義的探検家、警世家だったが、そうした視野を背景に、ひるがえって自国日本の風土自然特質を論じ、評価したのが、『日本風景論』(明治二七年〔一八九四〕)である。時あたかも日清戦争の最中という時局もあって、その国威発揚的な内容、文体は熱狂的に世間に迎えられ、その後も、長く、明治を代表する言論のひとつとして受け継がれた。

日本風土美の三特質、四要因

『日本風景論』は、まず、日本の風土特質を概観した「緒論」から始まる。冒頭、儒学者大《おお》槻磐渓《つきばんけい》の「江山洵美《こうざんじゅんび》なるこれわが郷」(「江山洵美是吾郷」ただし磐渓原文は「江山信美是吾州」)という一句を引用して、どんな民族もその風土自然を愛することは同じながら、日本の場合には、そうした身びいきにとどまらず、その美質は絶対的なものであって、外国人から見ても、現世の極楽浄土と賛嘆されるような自然美の極致に達していると讃える。そして、その内容を、瀟洒《しょうしゃ》、美、跌宕《てっとう》(雄大)の三特質に分けて、それぞれ、例をあげる。瀟洒では、ほととぎすの声響く新緑の淀《よど》川、奈良で聞く鹿の鳴き声等々であり、季節でいえば秋にきわまるとして、その紅葉の華麗多彩なことは、たとえば、ワーズワース、スコット等ロマン派詩人が活写したイギリスの黄葉などに比べても、格段にまさると断じる。美では、嵐山の夜桜がほの白い月にかかって朦朧《もうろう》としたさま、千曲《ちくま》川を挟んで広がる菜の花畑、麦畑の眺め、季節ならば春、とりわけ、鶯に桜のとりあわせは、中国、朝鮮の同種のものには見られない真正な美であり、跌宕では、那須の曠野《こうや》に高々と松の木がそびえる光景、立山《たてやま》山頂から下界の峰々を眺めおろす絶景、その他もろもろ。

ついで、志賀は、こうした美質を生み出した要因として、気候、海流が多変多様、水蒸気が多量、火山岩が多々、流水の浸蝕《しんしょく》が激烈、の四点をあげる。この四要因についてそれぞれ詳説するのが次章からの本論の内容となるわけだが、「緒論」後半では、それに先立って、日本海岸と太平洋岸では大きな風土差があることを数々列挙する。いわく、日本海岸は急激な傾斜（断崖）が多く、（海岸線の）曲折が少ないので、港湾に乏しい、一方、太平洋岸は傾斜がゆるやかで、曲折に富み、港湾が多い、あるいは、日本海岸は曇天多く、冬季は豪雪、寒冷、太平洋岸は晴天多く、温暖等の地理的、気象的観察から始まって、最後は、日本海岸は太平洋岸に比べ、文化（人口、交通、

志賀重昂

政治的活動等）の発達が遅れており、これら日本文化の諸要素は太平洋岸に集中すると結ぶ。明言されてはいないが、自然環境条件が文化発達に作用するという社会観、地理風土を単に美的観点からだけではなく、殖産的観点からとらえる発想がうかがわれる。

気候、海流

本論に入ると、まず、第二章では、日本列島をとり囲む気候、海流の特質が論じられる。南北に細長く伸び、黒潮と親潮という暖寒二海流に挟まれ、かつ、内陸山岳部から海岸平野部にかけて高低の差が激しい等の条件により、熱帯から寒帯にいたる多様な風土特性が見られ、その結果として、生物分布においても、北国の氷原にアザラシやオットセイが遊ぶとすれば、南国の浜辺には椰子《やし》、芭蕉《ばしょう》などの熱帯樹が茂り、さらには、熱帯植物である竹を押し潰《つぶ》すように雪が積もり、その間から熱帯動物である猿の声が聞こえるというようなとりあわせすら見られるというバラエティーの豊富さが指摘される。つづいて生物各種を論じて、植物においては、一般に日本人の心性を代表するといわれる桜に対し、むしろ、松柏《しょうはく》の類こそ、その剛直高邁《こうまい》な風格において、日本人の武道的精神を代表するとし、その種類も多々におよぶと力説する。鳥類では、やはり、その種類の多さが、ダーウィンの説をよりどころに、島国で特異種が発達しやすい環境であったためと論じられ、昆虫、花も同様に扱われる。そして、しめくくりには、こうした欧米諸国などには見られない日本固有の風物の美を詩歌、絵画、彫刻等の主題とすることを勧めて、その例を列挙する。荒城の夜ふけて、ふくろうが一羽、三日月に鳴きかけている、氷上にアザラシは吠え、北風を切って船の帆が飛んでいく等で、蕪村《ぶそん》の「菜のはなや月は東に日は西に」の句なども引用される。

水蒸気

第三章では、日本が四方を海に囲まれ、海流の影響、さらに台風などによって豊富な水蒸気に恵まれていることが論じられる。その作用として、春夏秋冬の各季節、また、東北、東海、山陰、北陸等の各地域に応じて、雪、霜、霞、雲などさまざまな気象現象を生み出し、多様な植生をうながし、地形にも影響をおよぼすなどの例が、古典詩歌の頻繁な引用をまじえつつ、あたかも、順に季節が進むにつれて北から南へ、南からまた北へと土地土地をめぐり歩いていくかのような臨場感をもって語られ、さらに、なかでも特異なものとして、蜃気《しんき》楼《ろう》と台風の二例があげられる。そして、春から秋まで多湿期がつづく東京の一日の場合でいえば、日の出時、朦朧たる蒸気の中、色彩がきらめき、にじみ、風景が浮かびあがり、没し去り、夕暮れ時、ふたたび、同様の変化が演じられて、ひきつづき夜陰に街灯の点滅する光景に移行するさまが、「天巧人作《てんこうじんさく》の相調和融渾《ゆうこん》して大観を表出する」と称賛され、また、もろい岩盤が多湿の作用で腐蝕した結果、異様な山容にいたった妙義山《みょうぎさん》などの例が、水蒸気の作用の激しさを示すものとして紹介される。しめくくりには、例によって、詩題、画題として、蝦夷《えぞ》の春の夜の月、富士の日の出などが提案される。

火山

第四章「日本には火山岩の多々なること」は、『日本風景論』中のハイライトといえる部分である。山、それも活動し、火を噴く山は、最も勇壮な自然現象として志賀の賛嘆してやまないものであり、かつ、日本は、ほぼ全土を通じて火山に恵まれていることから、火山こそ日本風景を代表するものとして詳説されることになるのである。

志賀は、まず、東アジア地域を俯瞰《ふかん》して、北方、南方双方からの火山脈が日本列島に入り込み、合流して、本州中央部を中心に四方へ広がり、全体として一大火山国となっていることを述べた後、これによって、朝鮮、中国などには見られないダイナミックな景観を生み出し、古今の歌人のうたうところとなったとして、全国各地の山を詠んだ和歌の表を提示する。そのうえで、名山の基準として、均整のとれた姿形とともに、変化の激しさ、不規則さをあげ、この後者の面については、これまでは没却されてきたという。そして、その名山の代表としては富士山があげられ、日本のみならず、世界に冠たる名山と称揚されるのである。

ついで、千島列島から南九州にいたる各地の代表的火山が順に紹介される。図表あり、挿絵あり、なにより、志賀自身の実地登山体験をふまえての雄渾《ゆうこん》な風光描写に導かれて日本火山帯を俯瞰していくような興趣に富む名調子で（たとえば〈富士山の反映〉の項目。「日出日没のさい、絶頂の西側に立たんか、嶽西を繚繞《りょうじょう》する雲霧の間、嶽下の平原、もしくは太平洋水に富士の反映を分明にみとめ得、いわゆる『影富士』なるもの、奇観無比」）、それまで浮世絵あるいは歌舞伎の書き割り式の平面的な風景になじんできた当時の読者には際立って斬新な印象を与えるものだったろう。さらに、これに火山湖、火山岩の奇景等が加わって、一層、火山の風光は圧倒的なものとなり、そのしめくくりとして、志賀は次のような頌歌《しょうか》を寄せる。

ああ造化の洪炉《こうろ》や、火山、火山岩を多々陶冶《とうや》して日本人に贈賜《ぞうし》す。これを歌頌《かしょう》せずこれを讃美せざるは、咄々《とつとつ》日本人の本色にあらず。

第四章には、以上のような火山の記述につづき、「登山の気風を興作《こうさく》すべし」という付録がついている。

当時までの日本では、修験道など宗教的な目的で山に登ることはあっても、スポーツあるいは風景観賞のための登山という慣習はなかった。そこに、やがてイギリスの宣教師で登山家のウェストンによる日本アルプスの紹介などで近代的登山というものが入ってくるわけだが、志賀は、それに先立って、農学校時代以来の探検的登山の体験をふまえ、独自の登山のすすめをこの『日本風景論』に展開し、小島烏水《こじまうすい》など登山家たちに大きな感化を与えることになったのである。「山、山、その平面世界より超絶するところ多々」という一文から始まって、あらゆる自然の美が、山上においては、下界とは全く次元を異にする崇高、奇観を呈することを強調し、とりわけ若者に登山の気風が起こることを切望する志賀は、そのために必要な装備、登山技術の種々項目にわたって、丹念に実際的な諸注意を与える。はなはだしく観念的なロマンチストであると同時に徹底した実践家であった志賀の面目躍如といった一節であり、小島などが指摘するように、ここから近代日本の登山史は始まるといってよい。

第五章「日本には流水の浸蝕激烈なること」では、険しい山岳地帯を多量の雨水が流れ落ちる結果、滝、谷などのダイナミックな景観が生まれ、地下流が石灰岩をうがって鍾乳洞が出現、そして、海にいたれば、やはり激しい海流が入り組んだ海岸線や奇島、奇岩を産出することが述べられる。

以上で本論はほぼ終了、これをふまえて、結論的に、これら多様な自然美を諸芸術に表現し、保存啓蒙に努め、また、日本と系統を同じくするアジア大陸の地理、地質にまで視野を広げて、西欧基準に頼らないアジア独自の地学体系を開発することを呼びかけて、『日本風景論』は完結する。

西欧的発想と日本的文体

『日本風景論』が、文明開化以来の欧化風潮に対抗し、日本人のナショナル・アイデンティティ確立をめざすという強い意志に基づいて構想執筆されたことは初めに紹介した通りだが、それは、単に従来の伝統的な発想を受け継ぎ、固持するということでは全くなかった。むしろ、逆に、『日本風景論』の自然観の基礎となっているのは、当時の日本において最先端をいくきわめて西欧的な発想だった。日本の風景美において志賀が最も強調したのは、火山に代表される跌宕（雄大）という要素だが、こうした視点は、志賀が指摘するように、従来の日本人の自然観には欠落していたものであり、それではどこにその淵源があるかといえば、一九世紀西欧ロマン派の自然観からきたものだった。一八世紀までの古典主義文化を支配していた形式的、静的、平面的な自然美規範を打破し、情念的、動的、立体的な自然美の発見評価をめざしたこの運動は、イギリスでいえば、湖水地帯の風光を抒情的に歌った詩人ワーズワース、スコットランド高地を舞台に波瀾に富む物語を展開した小説家スコット、画家ターナーの風景画に託して自然美論を説いた思想家ラスキンなどに代表されるものだが、『日本風景論』の自然美意識は、まさに、そうした思潮を取りこんだものだった。

志賀は、こうした感化を、札幌農学校時代の環境、教育、交友を通じて受け、精神形成を行ってきた。元来、北海道開拓の人材を育成する目的で設立されたこの学校は、初代教頭クラークの薫陶によって、清教徒的キリスト教精神を根幹とする人格教育を特色とし、理想主義的文化創造をめざして、内村鑑三、新渡戸《にとべ》稲造《いなぞう》、有島武郎《たけお》等の人材を輩出したが、志賀もその一員にほかならない。ただし、内村、新渡戸、有島等が、親キリスト教、親西欧の立場に立つ正統派であるのに対して、志賀の場合は、キリスト教、西欧を理解し、その精神性、理想性は汲み取りながら、キリスト教、西欧そのものには親近せず、むしろ、そこから反転するように日本に向かうのである。内村や新渡戸にしても、後述するように、親西欧と並行して親日本へという意識はあったが、志賀の場合は、並行ではなく反転として、西欧に対抗する日本を強調することになるのである。それは、初めに紹介したように、明治二〇年代前後急速に起こってきた国権的ナショナリズムという政治的枠組みに導かれてのものだったが、『日本風景論』では、こうしたナショナリズムは、盛んな日本古典詩歌の引用、ロマン派的自然美の発見の合間に挿しはさまれる「桜に鶯」「富士に松が枝《え》」式の旧套《きゅうとう》、紋切り型の自然美の踏襲、そして、全体を一貫する漢文的文体としてあらわれる。とりわけ、漢文的文体は、『日本風景論』の最大の魅力として、当時から後々までの読者を酔わせたものだが、日本の伝統的名文のスタイルのひとつを見事に継承体現したものとなっている。たとえば、

「登山の気風を興作すべし」第二節「雲の美、奇、大は山をえて映発す」はその典型である。

唐人、巌《いわお》を「雲根《うんこん》」とよぶ。おもむきあるかなこの称や。雲、山よりおこり、山、雲をえていよいよ美、ますます奇、一層々に大を添う。もしそれ雲、縷々《るる》として藕糸《はすいと》のごとく、山の背腹を曳《ひ》くや、宛《えん》として神女の羅裳《らしょう》を織るに似、朝暾《ちょうとん》夕陽たまたまこれと映発して純紅火のごとく、羅裳桃花色に染めおわる。倏忽《しゅっこつ》（たちまち）にして雲、来往迅速、澎湃《ほうはい》として天を捲《ま》き、百道狂馳《きょうち》、山、その間よりあるいは湧き、あるいは没し、あるいは浮かび、あるいは沈み、汎々《はんはん》として大海上の島嶼《とうしょ》と化成す。頃刻《けいこく》にして空気の運動静穏となるや、雲はようやく下降して山腹に繚繞《りょうじょう》し、その上より絶頂の峭然《しょうぜん》孤尊するをみる。要するに山、雲を得、雲、山を待ち、相互にいよいよ美、ますます奇、一層々に大を映発す。

ここで、変幻自在の雲の動きを追う構図は、まさに、ラスキンが称賛したターナーの風景画を彷彿《ほうふつ》とさせるようなものであるが、その対句、成句、誇張空想的表現などをちりばめ、朗々とリズムを刻んでいく文体は、全く、頼山陽《らいさんよう》ばりの男性的叙景漢文体の規範にのっとったものとなっている。つまり、近代西欧的自然観を伝統日本的意匠でくるんだ文章ということだが、この二重性こそは、開明的国粋主義とよばれた志賀ないし政教社の思想特質にほかならない。彼らの国粋主義とは、江戸鎖国期の本居宣長に代表される国学の場合のように頭から外国（中国）の思想を否定排除したものではなく、開国によって外国（西欧）の思想、とりわけそのナショナリズムの思想に触れ、それを脅威に感じたからこそ、自らのうちに取りこんで、自国の意匠に仕立て直し、西欧に対抗しようとしたものなのである。

こうして、『日本風景論』は、西欧ロマン派的自然観と伝統日本的文体、さらに、探検家、地学者としての実践的、科学的記述までを混ぜ合わせたうえで、そこに熱烈なナショナリズムを注ぎこんで一丸としたものといえる。鵺《ぬえ》的というか、サイボーグ的というか、奇怪な組み合わせだが、それこそは、当時の日本の過渡期的な、混沌《こんとん》とした文明状況の反映そのものなのである。つまり、西欧ロマン派的自然観なら、北村透谷《とうこく》（『蓬萊曲』明治二四年）、国木《くにき》田《だ》独歩《どっぽ》（『武蔵野』明治三一年、『空知《そらち》川《がわ》の岸辺』明治三五年）ら、伝統日本的叙景文なら、尾崎紅葉《こうよう》（『二《に》人《にん》比《び》丘《く》尼《に》色《いろ》懺悔《ざんげ》』明治二二年、『金色《こんじき》夜《や》叉《しゃ》』明治三〇—三五年）ら、さらに、地学地理的記述なら内村鑑三（『地理学考』明治二七年〈後に『地人論』と改題〉）らという具合であり、それら時代の思潮を総動員して巧みにナショナリズムの枠組みに組みこんでできあがったのが『日本風景論』なのである。

国家モデルとしての自然

だが、その中でも、志賀が、めざすべき近代国家日本のアイデンティティ・モデルとして最も強調したのは、ダイナミックで男性的な自然のイメージである。この西欧ロマン派から取りこんだイメージを梃子《てこ》にして、志賀は、それまでの閉鎖的で静的、平面的な日本像を打ち破り、列強に伍して雄飛するような積極的で力強く、伸び広がっていく日本を提示しようとしたのである。そのために、志賀は激しい火山の活動、作用を日本の風景の代表とし、また、北は千島、南は台湾等の新たな日本自然美を強調する。志賀にとって、開国および近代化とは、激しい生存競争の状況に突入して、それに勝ち抜くためには、絶えず活動し、膨張しつづけていかねばならないという宿命を意味していたのであり、この宿命を火山なり、新たに獲得された風景なりに託して説くのである。こうした志賀の意図は、これから日清、日露と対外戦争を乗り切り、海外へ進出することをめざしていた当時の日本の状況にずばり的中し、一躍、『日本風景論』は時代の書となった。これが、両戦争を経た明治四〇年代あたりになると、こうした宿命を空《むな》しく不健全なものとして批判的に見る夏目漱石（『現代日本の開化』明治四四年）のような視点もあらわれてくるが、一〇年代の時点では、志賀も時代も、あくまで、意気軒昂《けんこう》に、肯定的に、この状況に立ち向かおうとしていたのだった。

だが、時代とともに、しだいに、こうした志賀本来の意図は置き去りにされていったように見える。『日本風景論』は長く好評をもって迎えられつづけたが、その好評の内容は、政治的な面よりは、美的な面、具体的には、その朗々と熱情的な叙景文の魅力の方に強く寄っていった。志賀は、政治思想家としてよりは文章家、自然観賞家として評価されるようになっていったのである。

あるいは、それは、志賀にとっては不本意なことであったかもしれないが、時代を経てふりかえるなら、『日本風景論』の真価、そして、志賀の真価は、やはり、この新たな自然美を発見し、表現したところにこそあるということが、ますますいえそうである。探検的、実地観察的精神に基づいて、北から南まで、海から山まで、これまで日本人があまり近づくことのなかったさまざまな土地を踏破調査、比較分析し、それぞれの多様で個性的な風土特性、美質を見出してその意義を評価したところに、なんといっても、『日本風景論』の独創的、画期的な点はあった。それによって、従来の日本人の平板で静的、型にはまった自然観は一挙に打ち破られ、立体性、活動性、多様性を軸とする近代的な自然観に塗り替えられていった。

そのおよぼした作用はさまざまな形であらわれる。最も直接的なものとしては、近代的登山の文化を生み出したことがあり、探検、開発等もその延長上にあるといえる。透谷、独歩ら文学者の自然観との並行性がもたらしたものについていえば、たとえば、彼らの系譜をついで島崎藤村が発表した近代日本最初の本格的長編小説といえる『破戒』(明治三九年)中の飛驒《ひだ》山岳地帯（日本アルプス）の描写などは、ほとんど、『日本風景論』の山岳記述を思わせるところがあり、その後の日本近代文学の自然描写の一源流となっていることをうかがわせる。さらに、土地こそは人間の暮らし、文化、歴史の原点であるという信念の上に立って、土地土地の気候風土の作用を考察していく態度は、後の和辻哲郎《わつじてつろう》『風土』から梅棹忠夫《うめさおただお》『文明の生態史観』などにいたる風土研究、生態学的研究の先鞭《せんべん》をつけたともいえる。

こうして『日本風景論』は、明治日本の国造りナショナリズムの熱気の中から生まれ、その新たな風景観によって、近代日本文化論の大きな一分野を開いた作品と位置づけられるだろう。さすがに、当時一世を風靡《ふうび》した雄渾《ゆうこん》な文体も、一世紀以上を経た今日では、古色蒼然《そうぜん》となってしまったことは争えないが、そこに盛られた自然への情熱と思想は、ひそかに生きつづけ、現在のナチュラリスト、エコロジー思想等に照応、甦《よみがえ》る可能性を秘めているはずである。（『日本の名著39』中央公論新社）

新渡戸稲造『武士道』

世界人としての日本人

開明的民族主義者志賀重昂を生み出した札幌農学校は、また、志賀と色濃く教養、精神形成を共有しながら、民族主義とは逆のコスモポリタン主義にむかった一群の思想家を世に送り出した。新渡戸稲造、内村鑑三、有島武郎等である。クラークの説いたキリスト教精神に基づく理想主義の感化を強く受けた彼らは、民族、国家の別を超え、普遍的にこの理想が実現されることをめざして、世界（西欧）と日本双方を並行的に視野に収めながら活動していった。世界人としての日本人とはそういうことであり、そうしたコスモポリタン主義の立場から日本文化を論じた代表的な著作が『武士道』である。

新渡戸稲造は、文久二年（一八六二）、盛岡在の南部藩士の家に生まれた。一〇歳で上京、英語を学び始めたが、やがて、明治一〇年、一六歳で、祖父の始めた開拓事業を引き継ぐ準備として札幌農学校に入学、ここで、同期生の内村らとともにキリスト教に入信、また、コスモポリタン的理想主義を培っていった。農学校卒業後、明治一六年には、農政学を中心としてさらに高度の教育を受けるため東京大学に入学、この時の面接試験で、将来の志望を聞かれて「われ太平洋の橋とならん」という有名なモットーを述べたといわれる。翌一七年、東大を退学、アメリカに渡り、さらに同二〇年から三年間はドイツに転じて勉学研究をつづけ、同二四年に帰国。しばらく母校で教鞭を取るなどの活動をしたが、やがて多忙のため体調を崩し、三一年には静養のためアメリカに渡り、その機会に欧米読者を対象として英語で『武士道』を執筆、三三年（一九〇〇）に刊行した。その後は、日本に戻って、台湾総督府技師、一高校長、東大教授、東京女子大学長等を歴任した後、大正九年には、第一次大戦後、世界平和実現のために発足した国際連盟の事務局次長に就任、ジュネーヴに赴いた。昭和四年、当時悪化しつつあった日米関係改善をめざす太平洋問題調査会理事長に就任、昭和八年、カナダのバンフで開かれた会議に出席して病に倒れ、客死した。享年七二歳。

新渡戸は、とりわけ大正期以降、当代の代表的啓蒙家、教育家として、盛んに人生論的、社会論的著述、講演を行い、広い感化をおよぼしたが、そこにうかがわれるのは、個人、自由、ヒューマニズム、デモクラシー等を軸とする近代西欧的理想主義であり、また、まさにその青年期以来のモットーの通り、日本と世界（西欧）の相互理解、融和をめざして幅広い活動をつづけていった姿勢は、いわゆる大正デモクラシー知識人の典型といえる。

新渡戸稲造

『武士道』は、新渡戸の著作としては初期のものだが、すでにそこには、こうした新渡戸の生涯と思想が凝縮してあらわれている。その成立の事情は、冒頭の序文に述べられているが、かつてベルギーの学者と雑談中、日本における宗教教育事情について聞かれ、武士道の訓育がそれに相当するのではないかと思い当たった経験を端緒とし、また、アメリカ人である妻メリーからしばしば日本人の考え方、習慣について質問され、それに答えるうちに、やはり、日本人の道徳観念の源泉が武士道に発することをあらためて感じたのが機縁になったという。そのうえで、新渡戸は、自分自身が生い育つなかで教えこまれた体験をもとに武士道について説くのである。

新渡戸は幕末も最後の生まれで、物心つく頃にはすでに明治となっており、まもなく、英語をはじめとして近代的、西欧的な教育を受け、さらには、キリスト教に入信、欧米に留学というように、際立って新しい文化を身につけた人物だったが、にもかかわらず、少年期までの自分の周囲には脈々と武士道の遺風というものが生きていて、それが自分の人格、道徳感覚の根幹を形成したという。と同時に、この序文の結びでは、自分がキリスト教を信じ、その教えは万人に通じると信じていることをも確言する。この武士道とキリスト教、広くいえば日本精神と西欧精神の並立共存は、内村などにも全く共通するものだが（有名な〈ふたつのJすなわちJesusとJapan〉のモットー）、それこそは、新渡戸の生涯の基本原理であり、この日欧比較文化論の原則となるものにほかならない。

武士道とは

『武士道』は全一七章からなるが、まず、第一章「武士道とは何か」では、武士道が、元来、封建武士社会から生まれたものであり、その武士社会はもはや過去のものとなってしまったが、武士道の精神の方は今も生きていて、日本人の心の導き手となっていると述べられる。そのうえで、武士道に照応するものとしては、西欧における騎士道があるとして、両者がほぼ同時期に封建武士団の道徳規律として発生したことを、特にイギリスと日本の場合を比較して述べていく。武士道が、特定の歴史状況の産物であるとしても、時代、社会を超えた現在性、普遍性を有するものだと強調するのである。

つづいて第二章「武士道の源をさぐる」では、日本における武士道成立の思想的背景として、仏教、神道、儒教の三伝統思想の影響が論じられる。仏教からは、運命に潔く身を委ねる覚悟、自己を超えて絶対的なものに合一する精神が、特に、禅によって伝えられ、神道からは、心の清明と祖先への畏敬の念、その集成としての天皇崇敬、忠君愛国の念がもたらされた。さらに、最も重要な源泉としては、儒教が武士道の課する規律体系の枠組みを提供したことが指摘され、孔子から孟子《もうし》へ、さらに、理論と実践の一致を重視する（知行合一《ちこうごういつ》）王《おう》陽明《ようめい》へというその系譜が紹介される。

ここで仏、神、儒三伝統思想（老荘―道教思想は外されている。最も武士道から縁遠いからであろう）の影響を新渡戸が述べるのは、武士道が、それ自体は宗教でないにせよ、宗教的性格を有し、日本人の精神文明全体を受け継いだ思想であることを示すためといえるが、仏教、神道のかかわりについては、かなり偏った見方、強調がされている。元来、儒教に比べて、仏教、神道の武士道とのかかわりはずっと薄いものであり、場合によっては、背反することもあった。武士道は、基本的に、現世における主従関係を軸とする社会秩序を基盤とするのに対し、仏教、神道は、そうした現世秩序を無化してしまうからであり、実際に、そうした理由から武士道と仏教、神道の衝突ということも起こった。しかし、新渡戸は、そういった面には立ち入らず、大同的に三者の協調一致を説く。そして、特に、神道とのかかわりで、天皇崇敬を強調するのは、明治期に入って、将軍政治から天皇親政となり、その宗教的基盤として、天皇を頂点とする国家神道が成立、推進されるようになったという当時の状況を色濃く反映している。

第三章以下第九章までは、順に、義、勇、仁、礼、誠、名誉、忠義という武士道の徳目が解説される。いずれも儒教の教えに基づいた徳目であり、孔子、孟子等の言葉が引きあいに出されることもあるが、厳密にその関連、異同が検証されるわけではない。また、徳川幕藩体制という枠組みにおいてこうした徳目が制度化されるようになった歴史的、社会的事情が考察されることもない。『武士道』は、あくまで欧米の一般読者を対象として入門、紹介的な意図で書かれた作品であり、そこで新渡戸が力を入れるのは、これらそれぞれの徳目が具体的にどういう心構えとしてあらわれ、どのように実践されたのかということを、できるかぎり理解し、共感してもらうことだった。そのために、新渡戸は、さまざまな武士の挿話

（仁から派生した哀れみの情の例として、平敦盛《たいらのあつもり》を討ったのち出家した熊谷直実《くまがいなおざね》など）や歌舞伎（忠義の例として、主君の若君の命を救うために自分の子供を身代わりとする『菅原伝授手習鑑《すがわらでんじゆてならいかがみ》』「寺子屋」の段など）等を引きあいに出して語っていく。そして、そこで強調されるのは、これら種々の徳目が、つまるところは高潔な心に基づく普遍的な美徳として理解しうるものだということである。無論、社会が違えば、徳目のあらわれかたも違ってくるのは当然だが、その根幹にまでさかのぼれば、唯一共通の人間性に帰するというのである。たとえば、「寺子屋」の例に見られるような忠義は、その他の徳目に比べても際立って特殊で、欧米の個人主義などからかけ離れているように見えるが、それでも、よくその内実に立ち入ってみれば、微妙で生き生きとした人間性の営みとして理解しうるのであり、欧米の文化にも、たとえば、わが子イサクを神のいけにえに差し出そうとしたアブラハムの挿話などのように、相似した例が見出せるとする。さらに新渡戸は、こうした論法を発展させて、一見専制的と見える封建社会も、君主が仁をもって治めるならば、民主社会にかわらない、また、主君への絶対忠誠を求める武士道と唯一神を信じるキリスト教も矛盾なく共存しうるとも説く。

武士のたしなみ

第一〇章「武士は何を学び、どう己を磨いたか」、第一一章「人に勝ち、己に克つために」

では、武士の心得るべき実際的なたしなみが論じられる。

武士たるものが、まず重んじなければならないのは、種々の能力以上に、智仁勇と集約される品性であるが、これらは、いずれも、実践的なものでなければならず、たとえば、智は、単なる知識のための知識ではなくて、行動にあたっての指針となるような知恵であることを求められた。この原則に従って、武士は、剣術、馬術、柔術等の武術および書道、道徳、文学、歴史等の学芸をおさめた。特筆すべきことは、武士が金銭を軽蔑し、損得勘定を無視したことである。金銭、損得にこだわることは、品性の堕落をもたらし、悪徳に導くとされて、藩の財政なども軽視された。その結果として、武士は、現代社会に横行しているような金権腐敗を免れたと新渡戸は評価する。

また、武士の重要な心構えとして、自己を厳しく制御することが求められ、喜怒哀楽などの感情をも外にあらわさないような禁欲的態度の習練が行われた。その結果として、寡黙ということが重んじられ、また、どんなに内心が激動していても、外見はもの静かにほほ笑んでいるようなふるまいが一般化した。こうした様子を外から見て、日本人は感情に乏しいとみなす外国人もいるが、そうではなくて、本来豊かな感情を制御することにより心の平安を保つ術《すべ》を日本人は涵養《かんよう》しているのである。

第一二章「切腹」は、武士道におけるふたつの究極的行為――切腹と仇討ちをとりあげる。

近代西欧の一般的常識からするといかにも理解しがたい、野蛮とも見えるこれらの行為が、実は、やはり高度の精神文化のあらわれであることを新渡戸は力説する。まず切腹については、こうした自死が古代ローマの有名なカトーの死のように西欧にも存在したことを述べたうえで、腹を切るのは、腹が精神の宿る部位であるという考えに基づいて、その精神を表にさらすことにより潔白を明かそうとする意味をもっているのだと説く。それは、単なる自殺ではなく、己の名誉をまっとうする行為として認められ、それにふさわしい儀礼をもって行われた。とりわけ、死への恐怖に打ち克ち、自らの手で死を成し遂げてみせることで、切腹は、武士の心構えの要《かなめ》である自己制御、意志の強固さの究極といえるのであり、実際、それは崇高なまでのものであることを、新渡戸は、ミットフォードの『古い日本の物語』に描かれたいわゆる「神戸事件」(慶応四年〔一八六八〕、神戸居留地近くで岡山藩兵と外国兵が衝突した事件。日本政府は外国側に陳謝し、岡山藩士滝善三郎が外国側見証のもとで自刃した)の切腹場面などを引用して示そうとする。そして、このように、自らの信じる名誉なり価値なりのために生命を犠牲にするという点で、切腹は、「わがため己が生命を失う者はこれを救わん」というイエスの言葉に限りなく近づいており、民族、文化の差を超えた人類の道徳的一体性を証しているとさえいえるとまで述べるのである。

一方、仇討ちについては、やはり、これが人類に普遍的な正義公正を求める行動であると擁護し、忠臣蔵の例などを引いて、こうした行動が一個の文化として現在にいたるまで日本人の心に生きつづけていることを紹介する。

第一三章「刀」は、武士にとって刀が、単なる武器ではなく、忠誠と名誉の象徴であり、宗教的な意味まで帯びていることを説いて、本来、それは、むやみに人を殺傷するために使用されるべきではなく、むしろ、逆に、できるかぎり抜かれることのないよう、平和を追求することこそ武士の本分であるということを、勝海舟《かつかいしゅう》の座談などを引いて語る。

第一四章「武士道が求めた女性の理想像」は、武士社会における女性のありかたを論じる。武士道は、本来、男性たる武士の規範として生み出されたものだが、女性についても、まずは、基本的に、その規範に準じるものとして扱われる。すなわち、女性の場合にも、武士の一族であるかぎり、勇猛、克己、廉恥等の徳が求められ、いざという時には、敵と戦い、自刃をも辞さないものとされるのである。そのうえで、女性に固有のありかたとしては、男性たる武士が社会に出てつとめを果たすのに対し、女性の方は家の中で家族に尽くすことが求められた。自己犠牲と奉仕こそがモットーとなるのである。これは、近代欧米社会で進みつつある個人主義、女性解放、男女同権の考え方とはずいぶん異なるが、けっして、女性を奴隷扱いするものではないと新渡戸は釈明する。武士が主君にすすんで仕えたように、女性は家族に仕えたのであり、それはキリスト教において神に仕えるのと同様だというのである。

第一五章「大和魂」では、武士道がいかに日本人全体に感化をおよぼしたかが語られる。武士階級は日本人のうちの少数を占めるにすぎないが、西欧社会における騎士階級や紳士階級と同様、選良《エリート》たることによって、他の階級に深い道徳的感化をおよぼした。源義経や豊臣秀吉は常に大衆の英雄であり、やくざにいたるまで、武士道の精神が規範となった。そして、武士道は、すなわち日本人の民族精神そのもの、いわゆる大和魂となったのである。新渡戸は、ここで、本居宣長の有名な歌「しきしまの　やまと心を　人とはば　朝日ににほふ　山ざくらばな」を引いて、桜の気品、優雅そして潔さこそは大和魂の象徴たるにふさわしいと語る。

武士道の将来

最後に、第一六章「武士道は甦るか」、第一七章「武士道の遺産から何を学ぶか」は、結論として、武士道の将来を論じる。武士道を生み出し、支えてきた封建階級社会が消滅し、近代民主社会となった現在から未来において、武士道のありかたはどうなっていくかということを考察するわけだが、新渡戸の見解は、大きく三点にまとめられる。まず、民族精神というものは一朝一夕に消滅するようなことはなく、今もなお武士道の精神は日本人の行動の原動力として働いているということを、新渡戸は、明治維新の志士たちの例、日清戦争における日本兵士たちの例などをあげて力説する。日本がこれほど急速に西欧文化を取り入れ、近代化に成功したこと自体、克己に励み、名を高らしめようとする武士道精神のたまものにほかならないというのである。だが、その一方で、階級を否定し、個人主義を掲げる近代社会において、武士道の骨格を形作ってきた特権階級的、選良的精神はもはや存続しえないということも新渡戸は認める。では、どうなるのか、どうなるべきか。このまま、武士道が消滅していき、道徳規範が失われていくなら、社会は功利主義の混乱に巻き込まれていく危険があることを新渡戸は憂える。そこで、新渡戸の最終的な結論は以下のようになる。武士道は、制度、体系としては消えていくが、その精神は姿を変えて生き残り、道徳的原動力として社会を支えていくだろう。明言はしないが、新渡戸は、その活路がキリスト教にあることを暗示する。キリスト教は、武士道に比べると、神と人との直接的な交流を重視する点でより個人主義的であって現代社会の道徳的源泉になりうるからであり、キリスト教を通じて武士道の精神は生かされていくだろうと期待するのである。

実践道徳の源泉

初めに紹介したように、『武士道』は、西欧社会における宗教（キリスト教）教育に相当する日本の文化を問われて、武士道がそれにあたると思い当たったことをきっかけとして着想された。このエピソードは、新渡戸において、キリスト教、武士道、両者の関係がどのようなものとしてあったかを示している。宗教というならば、日本の場合、むしろ、仏教ないし神道がそれにあたるはずだが、新渡戸はそれらをとらない。儒教を主たる基盤として成立した武士道こそがキリスト教に相当する役割を果たすとしているのである。ではその役割とは何か。一口でいうなら、社会の秩序を支えていく道徳的規律、規範ということである。キリスト教、武士道はその役割を果たすべき文化として意味づけられるのである。そのために新渡戸は、キリスト教においては、しばしば旧約聖書の戒律に言及する。武士道において規律、規範が重視されるのはいうまでもない。

　こうして社会秩序の基盤、実践道徳の源泉というレベルで、武士道はキリスト教とほぼ等しい普遍的な役割を果たすものとして提示される。それは欧米の一般人を読者対象としているという事情の反映でもあるが、このために、新渡戸は、武士道成立にかかわるさまざまな特殊歴史的、社会的状況等の問題にはあまり立ち入らず、もっぱら、そこに結実した種々の徳が、時代や国を超えて、つまり、現代においても、外国においても、基本的に有効な文化であることを説くのである。要約すれば、秩序を重んじ、自己を律する人間性ということであり、それは、江戸封建社会であろうと、明治近代社会であろうと、あるいは、欧米社会であろうと、具体的なあらわれかたに差はあっても、本質的には変わらない。そのことを、新渡戸は、とりわけ、現代の時代状況を念頭において強調する。明治日本の場合、封建制にとって代わった天皇制を支える忠君原理として、また、日清戦争に挙国一致で立ち向かう国民精神の基礎として武士道が意義づけられるのである。欧米社会の場合については直接には述べられていないが、禁欲的清教徒主義に照応するものとして、行き過ぎた個人主義、功利主義を抑制する役割を果たしうるはずである。

このような武士道のとらえかたは、国粋主義などとは対照的に普遍主義的な、また理想主義的なものであって、そこに、新渡戸の大正デモクラシー、大正リベラリズム的な人間性が反映されている。〈太平洋の橋とならん〉というモットーの思想的具現といってもよい。

国と時代を超えて

そして、その結果として、『武士道』は、欧米、日本の双方で、同じように広く評価され、受け入れられることになった。アメリカにおいては、日清戦争以来高まりつつあった日本人への関心、とりわけ、その自己規律、集団秩序等の特性に対する関心にこたえる著作として大きな反響をよび、ルーズヴェルト大統領がみずからこれを読んで友人たちに配ったというエピソードまで伝わっている（第一〇版〔一九〇五年〕自序）。

一方、日本においては、アメリカ版刊行の翌年日本版（英語原文のまま）が出版され、つづいて明治四一年には邦訳版が刊行されて、やはり、高い評価を受けた。日清戦争から日露戦争に連勝し、急速に自らの国力、国威を世界に発揚しつつあった当時の日本において、そうした国力、国威の基盤となる精神を西欧にむかって正面から主張した書として熱烈に迎えられたのである。新渡戸の愛弟子である矢内原忠雄《やないはらただお》が昭和一三年に岩波文庫から刊行した新訳に付した訳者序の中の一節「博士が本書に横溢《おういつ》する愛国の熱情と該博なる学識と雄勁《ゆうけい》なる文章とをもって日本道徳の価値を広く世界に宣揚せられたことは、その功績、三軍の将に匹敵するものがある」は、そうした評価を伝えている。

しかしながら、すでに検討してきたように、『武士道』は、本来、西欧に対抗して国権を主張する『日本風景論』のようなナショナリズムとは異質な、西欧と日本を等価に見て、文化の普遍性を求める発想に基づいたものであり、時代思潮としては、むしろ、大正リベラリズムに近い立場に立つものだった。大正期、新渡戸は、盛んに、そうした立場から道徳的啓蒙活動を行ったが、それは、こうした『武士道』の思想の発展したあらわれといってよい。

その後、武士道の思想は、とりわけ、昭和戦時体制下、国粋的精神の中軸として、盛んに喧伝《けんでん》され、戦後も三島由紀夫などに継承されることになったが、それは新渡戸の思想とは全く逆行するものだった。

さらに、より一般的に、武士道は、日本人の克己、規律、果断等の精神の代名詞として、たとえば「侍」というような表現で広く流布し、その場合、新渡戸の『武士道』が引きあいに出されることも少なくない。それは、必ずしも新渡戸本来の思想そのままというわけではなく、多分に俗化、俗用の気味もあるが、それでも、現代にいたるまで、新渡戸の思想が作用していることを示すものといえる。

武士道は、元来、封建武士社会で制度化された文化であり、こうした社会が過去のものとなり、それを実際に新渡戸のように経験した人々もいなくなって久しい現在、『武士道』がなお生きた意味をもっているとすれば、それは、『武士道』が武士道を特殊歴史的に限定してとらえるのではなく、そこに潜在する普遍的可能性を開かれた形でとらえようとしたからであり、こうした点で、新渡戸の思想は今後ともひとつの道徳理想として生きつづけるだろう。（奈良本辰也訳『武士道』三笠書房）

岡倉天心『茶の本』

風流の形而上学

新渡戸稲造の『武士道』が欧米社会に、いわば、〈侍の国〉としての日本というイメージを広く普及したとすれば、ちょうどタイミングをはかるように、それとは全く対照的な〈茶の国〉としての日本というものを、同じく欧米にむかって説く書物があらわれた。岡倉天心の『茶の本』である。茶の文化を通じて、日本ないし東洋文明の根底を流れてきた〈風流の形而上学〉ともいうべき世界観を語ったこの特異な思想書は、『武士道』の日本のさらに奥に深々と広がる日本の精神世界を啓示して、以後、今日にいたるまで、欧米における日本文化論の古典として大きな感化をおよぼしてきた。

岡倉天心（本名覚三）は、文久二年（一八六二）、横浜本町《もとまち》で生糸取引等を営んでいた貿易商の家に生まれた。その頃、横浜は開港地としてにぎわい、本町通りには数十の貿易商館が軒を連ねて、コスモポリタン的な雰囲気にあふれていたというが、そうした環境で生まれ育った天心は、六歳で英語を学び始め、日本語とほぼ同様の母語として身につけた。この世代の知識人は、新渡戸稲造に代表されるように英語に熟達した人物が多かったが、なかでも、天心の場合は、英語による詩やオペラ台本まで残しているほど際立っていた。明治一〇年、発足したばかりの東京大学に入学、ここで、お雇い外国人教師として着任してきたアーネスト・フェノロサと出会い、その狩野《かのう》派絵画研究に協力するうちに、自身、当時世間からすっかり打ち捨てられたようになっていた伝統日本美術に開眼、大学を卒業して文部省に入ると、師のフェノロサと二人三脚を組むように、日本美術復興、再生運動に乗りだした。

こうした天心らの動きは、欧化の風潮が強かったなかで大きな抵抗を受けたが、フェノロサが専攻したヘーゲル美学を下敷きとする弁論を駆使してこれらを論破、東京美術学校開設（明治二二年）に漕ぎ着け、弟子の横山大観、菱田春草らを指導して、近代日本画創造を開始した。しかし、ますます勢力を増す欧化派、洋画派と対立をくりかえすうちに、しだいに天心は孤立するようになり、明治三一年には美術学校を追われて下野、日本美術院を新たに創設して運動をつづけることになったが、やがて、明治三四年から三五年にかけて一年ほど日本を離れ、インドに旅するあたりから、この日本美術院の活動からも徐々に身を引くようになり、以後、後半生は、招聘《しょうへい》されたボストン美術館東洋部門で活動、日本に帰国した際は、北茨城五浦《いづら》海岸に建てた住居に隠棲《いんせい》して釣りを楽しむというように、亡命者的、世捨て人的生活をつづけて大正二年に没した。享年五二歳。

東洋伝統精神の書

天心の主要な著作としては、『東洋の目覚め』（明治三四―三五年執筆、生前未発表）、『東洋の理想』（明治三六年）、『日本の目覚め』（明治三七年）、『茶の本』（明治三九年）があるが、これらは、いずれも、『武士道』同様、当時、日本への関心が高まっていた欧米社会にむかって、日本を紹介、主張すべく英文で執筆され、おおいにその啓蒙的な役割を果たした。なかでも、『茶の本』は、近代欧米の物質主義的文化に対して、東洋伝統精神文化の奥義《おうぎ》を説きつくし、天心の文明思想のエッセンスを示すものとなっている。

もともと、ボストン美術館で行われた一連の講話会の話をまとめたものといわれるこの作品は、全七章が、それぞれ、茶を中心軸としながら、さまざまな話題に自在に行き来して、しかも、その全体が、交響曲のように共鳴しあい、ひとつに溶け合っているという絶妙な構成となっているが、そのうち序章にあたる第一章「人情の碗」では、まず、茶という文化の全体的意義を、あれこれの現代世相にからませながらざっと展望してみせる。冒頭、茶ないし茶道というものの定義として、ごく日常的な営み、俗事中の俗事といえる茶を飲むという行為を究極の芸術であり、宗教であるような非日常的、形而上的な次元にまで昇華する文化と紹介したうえで、こうした文化が、日本人の伝統的な暮らしの隅々にまで深く作用していることを強調する。すなわち、日々の暮らしそのものが芸術であり、宗教であるような文化の要として茶というものがあるのだということであり、これは、日常生活と芸術、宗教を別次元のものと分け隔てる近代文化一般のありかたとは、まっこうから対立するものだ。先に『東洋の理想』（とりわけ終章「展望」）において、天心は、近代社会が効率性追求のために分業化を推し進め、その結果、かつての

岡倉天心

職人ならば、手作りですべてをこなす作業を通じて、芸術的、精神的な喜びを得られたのが、今の職工は、ただ、機械的に工程の一部をこなしているにすぎず、芸術的、精神的な喜びのかけらも味わえないと指摘し、物質的効率性よりも精神的充足性を重んじる東洋伝統文化の復権を唱えたが、その主張を、ここでは、さらに発展させて、暮らしと芸術、宗教の一体化、生の全体性の実現を、茶を通して説くのである。

ついで、論調は一転して、日清、日露戦争を契機に、欧米で日本人の戦闘精神への評価関心が高まった（新渡戸の『武士道』などに対応）ことをとりあげ、そうした日本理解が、いかに現代の侵略主義的な発想に基づいた皮相なものであるか、揶揄《やゆ》、批判したうえで、それとは全く対極的な平和的、自己充足的文化である茶のうちにこそ日本の神髄があることを述べる。

このあたりの記述は、縦横に機知、ユーモアを駆使しながら、欧米人の日本への無知をからかうかと思えば（「われわれアジア人は、しばしば、われわれについて妖《あや》しく織りなされた事実や空想物語におどろかされることがある。まさか鼠や油虫を食べて生きているとまではゆかぬまでも、蓮の花の香をかいで生きていると想像されたりするのである。これは不能者の狂信か、さもなければ卑しい逸楽である」）、返す刀で、日本人のむやみやたらな西欧模倣を切り捨て（「わが同胞のなかには、諸君の慣習や礼儀作法をあまりに熱心に取りいれすぎて、かたいカラーや丈の高いシルクハットを身につけることが諸君の文明の達成を意味することだと錯覚しているものさえいる」）、対照的に自身の主張を鮮明に浮かび上がらせるといった弁論の冴えを遺憾なく発揮して痛快なほどである。こうした弁論術は、天心が英語に熟達し、とりわけ、講話のような場合に効果を発揮する機知、ユーモアに長けていた（第一章の章題「The Cup of Humanity〔人情の碗〕」も「A Cup of Tea〔一碗の茶〕」のもじりである）ことによるとともに、後に述べるように、逆説的な論法を駆使する禅に親しんでいたことも影響しているだろう。

そして、これにつづいては、今度は、逆に欧米側に歩み寄り、その紅茶文化に日本の茶の文化に通じるものがあると認めて両洋融和の可能性を語り、最後に、古代中国の女媧《じょか》伝説（創生神女媧が天空の割れめを補修した話）を引用しながら、欲望に狂乱する現代世界の混乱を収拾する術に思いをめぐらせて、こうしめくくる。

では、ここらでお茶でもひと口啜《すす》るとしようか。午後の陽は竹林に映え、泉は滾々《こんこん》とよろこびあふれ、松籟《しょうらい》はわが茶釜《ちゃがま》にひびく。ともにはかなきを夢見、おろかしくもうつくしきものに、しばし心をとめようではないか。

意表をつくような転調による見事に演出されたしめくくりだが、ここで用いられる「おろかくしもうつくしきもの（the beautiful foolishness of things）」という表現こそが、『茶の本』の思想を一言で要約するようなキーワードとなる。これとほぼ同様の表現は第六章「花」で、茶室に生けられた一輪の百合の花が「人生のおろかしさを笑っているかのようである（it seems to smile at the foolishness of life）」ともう一度くりかえされるが、通常、否定的な意味しかもたない「おろかしさ（foolishness）」という語が、ここでは、ちょうど、禅における「大愚」と同様の哲理を啓示する語としてあらわれる。すなわち、この「おろかしさ」とは、人間たちの狂奔するこの現世世界のもろもろの事柄は、つまるところ、一抹の夢にすぎない、その無常を、しかも、美しいものと観じ、ほほえんで（smile）受け入れる境地ともいうべきものであり、一碗の茶、一輪の花のうちに天心はこの究極の境地を見出すのである。

虚と相対性

第二章「茶の流派」では、四、五世紀中国から始まった喫茶の文化が唐、宋と変遷、発展していき、やがて、日本にも伝えられて、室町期に、禅宗を背景として茶道に完成される経過が紹介された後、第三章「道教と禅」で、この茶道の背景となる哲学が説かれる。いずれも古代中国老荘思想の流れを汲む道教と禅の世界観によって茶の形而上学ともいうべきものが成り立っていることを示すわけだが、その要点は、老荘思想の根本原理であり、道教にひきつがれる「道（タオ）」を起源とする相対性の理念にある。この世のもろもろの事柄、とりわけ物質的現実に絶対というものはなく、すべては相対的な、移り変わるものであり、この摂理をさまざまに展開し、集約してみせたのが茶道――茶の道だということである。前述した「おろかしさ」の理念はその典型だが、不完全性あるいは虚（無）の原理としてあらわれることもある。この世界に完全ないし完成というものはありえない、逆に、不完全であり、未完成であることによって、その先に、完全なり、完成なりにむかって、無限の可能性が開かれる、同様に、虚（無）であることによって、そこに無限の可能性が包含されるということを、天心は、絵画における余白、老子の水差しのたとえ（「水差しの有用性は、水をそそぐことのできる空《から》のなかにあるのであって、その形や作製された材料にあるのではない」）などを引きながら説くのである。そして、特に、この相対性の哲学が茶道の成立に決定的に作用したプロセスとして、禅宗の修行のありかたが強調される。すなわち、禅宗では、すべての事柄は相対的であり、そうであれば、大小の別なく同等の意義をもつという考え方に基づいて、日常茶飯のひとつひとつを修行とみなし、その中に至上の境地を見出す、それが茶道の根本思想となったということである。

茶の空間

第四章「茶室」は、こうした茶道の形而上学を具現した空間として茶室のさまざまな特質を説いてみせる。まず、茶室の別称としてあてられる「すきや」という語をとりあげて、この語が通常用いられる「数寄屋」という漢字の他に、「数奇屋」、「空家」、「好き家」とも表記しうるとして、「数奇屋」――不完全性原理のあらわれとしての非対称性、「空家」――虚の空間、「好き家」――移り変わる好みを反映するかりそめの家、というように、それぞれに茶道の形而上学を象徴していると論じる。茶室とは、これら特性のあれでもあり、これでもあるような、まさに、相対性の哲学を集約する多義的な空間なのである。さらに、茶の空間は、茶室に入る前、露地を進むところからすでに始まっているのであり、そこで徐々に日常世界から離脱していった精神は、やがて茶室そのものの内部に入り、静寂の中、茶釜からかすかに響く松籟の響きに聞き入るうちに、究極的な無我の境地に到達する、その自己啓示の過程が語られる。

自他一体

第五章「芸術鑑賞」では、いきなり、「琴馴らし」という道教説話が紹介される。遠い昔、森の王ともいうべき古木の桐《きり》から仙人が作りだした琴があった。これを手に入れた皇帝は、多くの名人にこの琴を弾かせようとしたが、一向に、琴は鳴る気配がなかった。そこに名人中の名人伯牙《はくが》があらわれた。彼が琴に触れると、琴は待っていたかのようにおのずと鳴り響き始めた。感じいった皇帝が伯牙にその秘訣を尋ねると、伯牙は答えた。他の名人たちは自分の歌を歌わせようとばかりしたので失敗したが、伯牙は琴自身の歌を歌わせ、伯牙と琴とがひとつになったのが成功の理由であると。この説話を引いて、天心は、これこそが芸術鑑賞の神秘を示すものだという。伯牙が芸術であり、琴が鑑賞者であるわれわれである。芸術を鑑賞し、芸術と一体となることによって、われわれの心深く潜んでいたさまざまな感情が引きだされ、歌いだされる、この共感性こそが傑作の要諦《ようてい》なのである。そうであるなら、今日の芸術にしばしば見られるような、芸術作者、鑑賞者双方ともに我をむきだしにし、自己主張するような関係がいかに不毛なものであるかは明白である。逆に、自己を空しくし、芸術に自己を委ねることによって、自己を超越した自他一体の境地にいたることが芸術の奥義なのであり、それによって、芸術はほとんど宗教に等しい神聖な世界となる。芸術における暗示、あるいは、余白の意味もそこにある。

　ここで、天心は、茶から離れ、芸術一般のありようについて述べるわけだが、無論、ここで芸術論として述べられていることは、すでに語られてきた茶のありようをそっくり応用したものにほかならない。芸術なり、茶なり、あるいは柔道、剣道なり、そして、禅のような宗教を含めて、すべては、同一の原理に貫かれているのである。

人と自然

第六章「花」も、その変奏であり、茶道とともに、茶道と連携しながら発達した花道について、その神髄を語るわけだが、ここでは、前章が説話から始められたのに対し、花への賛歌、よびかけ、嘆きをつづる散文詩のような一節からまず始める。「やさしい花よ、星の涙の滴《しずく》よ、園生《そのう》に立って、白露と日の光をたたえてうたう蜜蜂にうなずいて見せる花よ、おまえたちはおまえたちを待っているおそろしい運命に気づいているのであろうか。……」というようないかにも芝居がかった具合だが、緩急自在、さまざまなスタイルを使いわけ、巧みに聞き手あるいは読み手を惹《ひ》きつけていく天心一流の弁論術の真骨頂といえる。

同時に、ここで、花を擬人化して呼びかけるスタイルは、単にこうした弁論上の技巧であるばかりでなく、この章の根本主題――自然と人間を対等に扱い、自然の立場から人間と自然の関係のありかたを問う――に応じたものでもある。こうした視点から、天心は、まず、現代社会、とりわけ欧米において、花が全く物質的資源として人間の好き勝手に浪費され、使用済みとなれば無用のごみとして投げ捨てられていることを批判する。これは、花にとどまらず、自然環境一般に対する近代西欧社会の人間中心的、資源利用的態度――自然を無人格の、したがって、人間の都合にあわせて一方的に利用しようと破壊しようと自由であるとみなす態度であり、大規模工業生産、消費の前提となる――を批判するものであり、今日のエコロジー思想を先取りした文明批評となっている。

これに対し、天心は、繊細な愛情を注いで花を栽培した古人たちのさまざまなエピソードを紹介し、さらに理想的には、野の花を、そのままに、そこに人間の方からおもむいて賞玩《しょうがん》することをすすめ、ついで、花道の話に転じる。

元来、花道は、茶道の一部として生まれたものであり、茶室の空間を構成する一要素として、あくまでも、他の諸要素――掛け軸なり、茶器なり――と調和均衡するように、決して突出して自己主張しないように配慮されていた。それが、やがて、独立すると、さまざまなスタイルが派生するようになったが、天心は、これを、大きく三つに分類する。まず、様式性を重視する様式派（formalistic）、ついで、より自然らしさに傾くが、それでも型にはまるよう修正を加える擬自然派（naturalesque）、最後に、自然そのものを受け入れる自然派（natural）の三つだが、主に専門花道家の領分である前二者に対して、自然派こそは、まさに、茶本来の花のありかたを示すものにほかならない。茶人は、ただ、花を選ぶだけで、その先は、花それぞれが自身の物語を語るにまかせる、ちょうど、伯牙が琴に琴自身の歌を歌わせたように。そして、このように茶室に生けられた一輪の百合の花は、露に濡れて、「人生のおろかしさを笑っているかのようである」のである。

終章「茶の宗匠」は、千利休《せんのりきゅう》に代表される茶人たちの生き方と死に方について語る。茶人たるものは、茶においてきわめた心得を日常生活万般に生かすよう努めなければならない。暮らしそのものが総合的芸術とならねばならないのであり、そこから、日本人の暮らしの隅々にいたるまで茶の美学の深い影響がおよぶことになる、建築、庭園、衣服、陶芸、絵画等々。そして、茶人は、処世にあたっては、この世の生というものが不完全であり、愚かしく、さらには悲惨でさえあることを認めながら、しかも、そこに喜びや美しさを見出して、軽やかに、のびやかに生きていかねばならず、その究極として、死に対しても、同様に、美しくこれを迎えるのでなければならない。その模範的な例が利休の死だった。秀吉から切腹を命じられた利休は、最後の茶会を開いて知己に別れを告げ、その後、辞世の禅語を唱えつつ、微笑をうかべながら従容《しょうよう》として死におもむいた。

『茶の本』のスタイル

初めに紹介したように、『茶の本』は、もともと、ボストン美術館での講話を下敷きにしていて、口開けの第一章では、当時の日米情勢、世界情勢をめぐる風刺、揶揄を織り込むなど、時局的、政治的な立場を意識しながら始められるが、やがて本論に入ると、じきに、そうした時局的、政治的な意識は消えていって、純粋に、時空を超えた風流の形而上学ともいうべき世界が開示されることになる。ここでいう風流とは、現世社会をとりしきる因果、損得、人事などもろもろのしがらみを脱して自然の摂理に身を委ね、悠々と楽しむ境地というほどのものだが、そうした境地を日常茶飯事のうちに集約的に実現する文化が茶なのであり、そうした茶の文化の根拠となる世界原理を、天心は、老荘思想を軸として示してみせるのである。そして、そうやって示された風流の形而上学は、もはや、唐宋中国から室町日本へと茶道が発展完成していった歴史的経過を超える、どの時代、どの社会にも通用するような普遍的なものとなるのである。

もともと天心は言葉とりわけ書き言葉に信を置かない人間だった。「不立文字《ふりゅうもんじ》」という禅語に示されるように、つまるところ、真理は、言葉によっては表現伝達しえないものだと天心は見切りをつけていた。『東洋の理想』から『茶の本』にいたる主要著作も、たまたま機縁があって書かれたものであり、これらの執筆にあたったのも、前後四年ほどのことにすぎない。天心にとって、著作とは、所詮《しょせん》、その活動の一部分にとどまるものだった。

だが、そうであればこそ、『茶の本』の独自なスタイルというものは生まれてきたのだといえる。言葉は、本来語られるべき思想のほんの断片、いわば氷山の一角を占めるにすぎないが、その一角によって、隠れた膨大な部分をなんとか暗示し、伝えようと天心は試みる。

「芸術鑑賞」における伯牙と琴の挿話や「花」における花の擬人化などのさまざまな工夫はそのためのものであり、それによって、『茶の本』は、量的には大部のものではないが、闊《かっ》達《たつ》自在に変幻していくその記述のすきま、すきまを通して、背後の広大深遠な世界が垣間見えてくるような印象を与えることになる、ちょうど、絵画における余白、音楽における余韻、俳句における省略のように。

『茶の本』の位置

ではこうして提示される『茶の本』の思想とは、どのような位置にあるものなのか。まず系譜的にいえば、老荘思想を根底とし、老荘から発展した道教と、とりわけ禅における日常生活の修行作法化を契機として、さらに、これを芸術、審美思想にまで展開したものと、おおまかに位置づけられるが、同時に、重要なのは、同時代西欧思想、たとえば、フランスにおける象徴主義、イギリスにおけるラファエロ前派などと並行、照応するものだということである。ボードレールを先駆に、ヴェルレーヌ、ランボー等を経て、マラルメで頂点に達する象徴主義においては、言語表現の限界を超えようとして、言葉の象徴性、暗示性を追求し、その究極において、絶対的空無というものを夢想したが、『茶の本』で説かれる余白の美学、虚の形而上学は、まさに、この象徴主義の理念に合致するものだった。また、ラスキン、ロセッティからモリスにいたるラファエロ前派は、芸術本来の精神性を失い、制度化、硬直化したアカデミズムを脱して、中世ゴシック教会建築に見られるような芸術性と宗教性が融合一体化したありかたを再生させようと試み、さらに、そうした芸術を日常生活において実現しようとして〈生活の芸術化〉あるいは〈民芸〉運動を興したが、これも、まさに、茶のめざしたものにほかならない。

こうした同時代西欧芸術思想との照応は偶然ではない。初めに紹介した経歴にうかがわれるように、天心は、当時の日本にあって、抜きんでて西欧を知り、理解していた人物であり、一般の日本知識人が摂取しようとしていた西欧近代文明の枠組みが、実は、もはや制度疲労を起こし、その危機を乗り越えようとして象徴主義やラファエロ前派のような運動が興ってきていることを察知し、共感していたのだった。そして、そうした運動に呼応し、さらに、それを未来にむかって先導していくという気概で茶の理念を説いたのだった。西欧近代文明が行き詰まりに達した時、それを打開していく新たな地平は、西欧に対する東洋、近代に対する近代以前の文明に求められる、それに確かに応えるのが茶なのだという自負である。『茶の本』が欧米社会にむけて英語で発表され、第一章「人情の碗」において、混乱迷走する世界文明状況が揶揄されるのも、そうした自負を背景としている。

だが、こうした深い事情は、当時なかなか一般には理解されがたいものだった。同じように西欧と日本を並行的に眺めたうえで武士道という伝統思想を再評価した新渡戸稲造に比べても、『武士道』の場合は、その実践道徳性が近代社会にも適合し、また、当時の国威発揚期に照応していたこともあって受け入れられやすかったのに対し、『茶の本』の場合は、その芸術思想等はともかく、脱俗、反近代思想の方は、まだ、文明開化、すなわち西欧化、近代化の途上にあった当時の日本においては、時代逆行、時代錯誤の発想として孤立するのである。天心後半生の亡命者的また隠者的生き方は、こうした孤立を反映している。

そして、天心没後、『茶の本』は、徐々に、過去の日本文化の紹介啓蒙書として受け入れられ、評価されていったが、やがて、太平洋戦争の前後には、『東洋の理想』冒頭の有名な標語「アジアはひとつ」が大東亜共栄圏思想の先駆として喧伝されたりした結果、激しい政治的毀誉《きよ》褒貶《ほうへん》の渦に巻き込まれ、ようやく、そうした時期がすぎた一九七〇年代あたりから、『茶の本』本来の意図が理解される気運がおこってきた。これは、日本をふくめた世界文明状況において、本格的に、近代文明の枠組みを脱し、それを超える新しい文明モデル、たとえば自然と人間の共生を唱えるエコロジー文明等の模索が始まったからである。こうした気運に、『茶の本』は、一世紀近く先行していたといえるが、今後、さらにこうした視点からの再評価が高まっていくだろう。（森才子訳『日本の名著39』中央公論新社）

II　民俗の発見

『武士道』『茶の本』等に説かれた日本文化は、いずれも、武士なり、知識人なり、あるいは上層市民なりを担い手として日常生活を超える倫理なり、美なりを追求するものだったが、これに対し、一般民衆すなわち庶民の日々の暮らしそのものの中にはどういう文化があるのか、あったのか。こうした課題に応える学問として誕生したのが民俗学だった。為政者などの支配的文化の陰に埋没して、きちんとした記録もなく、その結果、正統的な歴史からは見捨てられてきた庶民の文化のうちにこそ、支配的文化が成立する以前からの日本文化の古層、原型が見出されるのではないか——そうした問題意識に基づいて日本社会の底辺あるいは周辺部を掘り起こしていくこの試みを通じて、新たな日本文化の姿があらわれてくる。その代表的な例を、近代日本に民俗学を導入、確立した第一人者である柳田国男《やなぎたくにお》と、その特異な継承者である折口信夫《おりくちしのぶ》、そして、民俗の中の美の問題をとりあげた柳宗悦《やなぎむねよし》に焦点をあてて見ていきたい。

柳田国男『遠野物語』『山の人生』

明治八年(一八七五)、兵庫の医者であり漢学者、神官でもあった松岡家に生まれた(後、柳田家に養子に入り改姓)柳田は、少年時代から短歌を作るなど文学趣味を養い、東京に出て一高在学中には、田山花袋《たやまかたい》、国木田独歩等と交友を結んで抒情性に富んだ新体詩を発表、文学青年ぶりを発揮した。しかし、明治三〇年、東京帝大に進み、農政学を専攻する頃から、こうした文学創作からは遠ざかるようになって、その代わりに、専門である農政を通じ、日本社会の現状、その改良方策等の実際的な問題に関心を寄せるようになった。明治三三年、大学を卒業、農商務省農務局に入ると(後、内閣法制局、貴族院書記官室などに転任)、全国各地を視察して回り、小作人ら零細農民の保護、生活改良をめざした政策、制度を提案するなど、経世済民の理想実現に努めた。一方、こうした視察を通じて、諸地方に残る民衆の生活文化に対する関心を深めていき、明治四二年、宮崎県椎葉村《しいばそん》の猪狩りの伝承をまとめた『後狩詞記《のちのかりことばのき》』、同四三年、岩手県遠野村《とおの》の山人などの伝承をまとめた『遠野物語』等を発表、近代日本民俗学の基礎を築いた。

以後、柳田は、官界に身を置きながら民俗学研究を深めていき、やがて官界を退いて、しばらく朝日新聞社客員、国際連盟委任統治委員を務めた後、関東大震災をきっかけに、「本筋の学問のために起つ」(『故郷七十年』昭和三四年)決意を固めて、民俗学の体系的な確立、展開に専念することになった。南方熊楠《みなかたくまぐす》、折口信夫らと協力、民族学者とも提携し、各地の研究家を組織するなど、精力的にリーダーとして活動するとともに、自身の研究も幅広く進め、とりわけ、稲作農耕を基盤とする村落共同体こそが現在にいたる日本人の暮らしの軸であるとする〈常民〉思想を説いた。太平洋戦争中は、国民の危難を案じ、終戦後は、日本人が自身のことを知ることによって幸福を築いていく、そのための学問として民俗学を意義づける〈新国学〉の理念を提唱したが、そこには、農務官僚時代以来の経世済民思想の発展が見られる。

晩年、柳田は、長年取り組んできた沖縄など南方諸島文化研究のまとめにかかり、死の前年にあたる昭和三六年、『海上の道』として刊行した。青年時代、三河の伊良湖崎《いらご》に滞在中、浜に流れ着いた椰子《やし》の実を見つけ、そのはるかな旅路に感慨を覚えたこと、そのことを友人である島崎藤村に話したのが機縁で唱歌「椰子の実」が生まれたことなどのエピソードを枕に、かつて、稲作技術をたずさえ南方から海上の道をたどってはるばるやってきた民族が日本人の起源ではないかという仮説を展開したものだが、この壮大な日本文化起源論を遺言のように残して、翌三七年、柳田は八七年の豊饒《ほうじょう》な生涯を閉じた。

文化の古層を求めて

以上紹介したように、柳田の民俗学研究は長く、幅広く、容易に概括できるようなものではないが、大きな区分としては、明治四〇年代、『後狩詞記』や『遠野物語』から始まって、大正期いっぱいぐらいまで、各地の伝承を収集考察する作業に没頭した前期と、昭和に入り、本格的な民俗学学問体系の構築に取り組み始め、それを、『海上の道』にいたるまで、さまざまに拡大発展していった後期に二分することができるだろう。そして、この前期から後期への移り行きでは、前期における中心的なテーマである〈山人〉文化から後期の〈常民〉文化へという関心の転移が最大の焦点となる。

このうち、柳田民俗学全体における比重としては、後期の〈常民〉文化こそが中核をなし、柳田の日本文化観を代表するものだといえるが、ここでは、あえて、前期の〈山人〉文化研究の二著作『遠野物語』『山の人生』をとりあげることとする。それは、〈常民〉文化に先立ち、やがて〈常民〉文化によって周辺に押しやられることになる〈山人〉文化の研究にこそ、〈常民〉文化ほど正統的ではないが、より始源にさかのぼった日本文化像が垣間見られるからである。

『遠野物語』

『遠野物語』は、岩手県花巻近郊の山村遠野在の郷土研究家佐々木鏡石（喜善《きぜん》）が採集してきたこの地方一帯の伝承説話を忠実に記録したもので、大小百余りの短章からなっている。内容としては、地勢、里の神、家の神、山の神、山男、山女、山の霊異、家の盛衰、魂の行方、行事風俗、種々の獣などさまざまな項目にわたり、これらが入り混じって並べられている。記述は簡潔な文語体で淡々と事実だけを記していくといったスタイルで、時たま、柳田の注釈が付記されるが、これもごく短いものにとどめられている。全体として、禁欲的なまでに主観の介入を抑え、伝承そのままの姿を伝えようとする姿勢で一貫するのである。

では、こうして集められた伝承は、全体としてどういう特質を帯びているのだろうか。開巻第一話、まず遠野の地理的紹介をした後、第二話では、遠野を囲む山々にちなむ神話が紹介される。大昔、女神が三人の娘をともなってこのあたりにやってきて、それぞれの娘に、見た夢に応じて山を与えた、以来、これらの山はおのおのの娘神の領するところとなり、遠野の女たちはその妬《ねた》みを恐れて今も山に遊ばないというものである。話の内容そのものとしてはとりたてて際立ったところもない、各地の風土記に似たような話が見出せそうな類《たぐ》いのものだが、これがこの東北山中の小村に固有の神話として伝承されてきた、そして、今も生きつづけていることが肝心なのである。それは、記紀神話のように、日本民族あるいは天皇家の起源にかかわるような大規模かつ正統性をめざすものではなく、歴史的な検証の対象とみなされることもなかったものだが、そうであればこそ、そうした為政者、支配者の歴史や文化とは別のレベルでの文化——中央から離れたこの土地に代々住み暮らしてきた人々の心性の深層に潜む文化を物語るのである。ここで語られる「大昔」とは、いつの昔だろうか。「女神」とは、どんな神だろうか。記紀神話の「神代」や「神」であれば、まだ、おぼろげながらも名や脈絡をたどり、歴史上に推定、位置づけることも可能だろうが、この郷土神話の「大昔」や「女神」となると、もはや、そうした歴史的レベルを超えたものとなる。この山中の土地に暮らす人々にとっては、それは、山や川などの天然自然と同様、太古から現在まで、日常世界をとり囲むようにあまねく遍在する「昔」であり、「神」なのである。

神話につづいては、中心的主題である山人の話が始まる。里人が猟をして山奥に入りこんでいったところ、岩の上で美しい女が長い髪をくしけずっていた、銃をむけて撃つと倒れたので髪を少し切り取り、懐に入れて帰途についた、途中ひどく眠くなりしばらくうとうとしていると、その夢現《ゆめうつつ》の間に背の高い男が近寄ってきて懐に手を入れ、さきほどの髪を取り返して去っていった（第三話）、里の娘がある時、栗拾いに山に入ったまま帰ってこなかった、何年かして猟師が山の中でその娘を見かけ、話を聞くと、山人にさらわれて山奥に連れていかれ、そこから逃げ出すこともできずに暮らしていると身のうえを語った（第七話）、やはり、ひとりの猟師が、山の中に仮小屋を作って、そこで餅を焼いていると、大男が覗きこんで、その餅をとって食った（第二八話）、等々である。そして、これに関連して、山の怪異《かいい》譚《たん》、伝説、また、山人の変形といえる山の神、天狗《てんぐ》などの話が語られる。これらの話の数々を通して、里をとり囲む山の世界というものがあり、そこには、里の暮らしとは異質、異次元の文化があることが理解されてくる。

柳田国男

山の話に対し、里の話も豊富に紹介されるが、その内容を大別すると、里の神（カクラサマ、ゴンゲサマ）、家の神（オクナイサマ、オシラサマ、ザシキワラシ）などと分類される種々の土俗神、不思議な因縁に翻弄される家々の盛衰、亡霊の出現、それに行事風俗などで、全体として、やはり呪術《じゅじゅつ》的、超自然的要素が多くを占めている。日常世界とはいいながら、その日常そのものが、この山中の共同体では、近代的合理主義以前の心性を色濃く帯びているのであり、それによって、山の世界、神話の世界と地続きとなっているのである。

たとえば、家の神の一種であるオシラサマの由来を語った第六九話は、『遠野物語』中でも哀切きわまりない悲劇として知られるものだが、大筋、こんな内容である。昔、ある百姓の娘が、飼っていた馬と恋仲になり、ついに夫婦となった。これを知った娘の父親が怒って馬を殺し、その首を切り落とすと、悲しんだ娘はその首に乗ったまま天に昇り去った。それ以来祭られることとなったのがオシラサマであるというもので、いかにも、この地方の暮らしにおける馬と人の交流の深さをうかがわせる話だが、これは、いわゆる異類婚伝承という点で、山の話に出てくる山人、山神、猿や狒々《ひひ》と里人との婚姻伝承（たとえば第七話）と同根なのである。

これら土俗神は、いずれも、記紀神話に登場するアマテラス、スサノオなど人間性、英雄性豊かで伝説上、歴史上の人物に連続する神々に比べて、異類的、精霊的であり、呪術、アニミズムなどの心性を色濃く帯びている。死んだばかりの人間が離れたところに立ち現れるという亡霊の話なども同様であり、仏教の説く彼岸や西方浄土などより以前の原初的な死生観、霊魂観を示している。

こうして『遠野物語』に集められた伝承の世界は、神話世界の層、山の世界の層、里の世界の層という三層が連続しながら積み重なってできあがっており、全体として、近代合理主義以前、さらには、歴史以前の心性を映し出す。それこそを柳田は日本文化の原型として提示するのである。

『山の人生』

『遠野物語』以来つづけられた柳田の山の文化研究は、やがて、大正一五年に発表された『山の人生』に集成されるとともに終結することになる。

『山の人生』は、遠野同様、日本各地にその跡をとどめている山の文化を探り集めて考察したものだが、『遠野物語』が基本的に遠野一帯の伝承で構成される小宇宙を、外の世界や歴史とは切り離して浮かび上がらせようとするのとは逆に、他の土地との対比、歴史とのかかわりなどを通じて、総合的に検討し、日本文化史上に位置づけようとする点が特徴的である。そして、そのために、各地の伝承に加えて、『今昔物語』や『義経記《ぎけいき》』などの物語や各種古文書、史書などをも豊富に援用している。

全体で三〇章からなる内容をおおよそ紹介すると、まず、第一章「山に埋もれたる人生あること」で、序論代わりに、柳田がかつて内務官僚時代に閲覧して深く印象に残った二件の刑事事件記録の話が語られる。いずれも、生活に窮した男なり女なりが切羽詰まって、山中、家族を殺したり、心中をはかった後、自らは死にきれずに刑に服したというもので、柳田自身ことわっているように、直接山人文化とかかわりがあるわけではないが、「偉大なる人間苦の記録」、「我々が空想で描いて見る世界よりも、隠れた現実の方が遥かに物深い。また我々をして考えしめる」として巻頭に記される。「山に埋もれたる人生あること」とはそうした意味の章題だが、山人文化研究を総決算するにあたっての柳田の心構えがまざまざとうかがわれる。正史の陰に隠れてはるか太古の昔から明治大正の現在にいたるまで綿々とつづいてきた名もなき庶民の心の記録を掘り起こし、しかるべき位置づけを与えようという執念である。

ついで第二章から本論に入り、数章にわたって、山中生活者の話が語られる。過去の伝承よりは、むしろ、最近に近い報告が多く集められて、それだけ具体的、現実的に、これらの人々の暮らしぶり、素性、山に入ることとなった事情が細かく検討される。この中では、サンカ（山窩）とよばれる山中漂泊民の例などもあげられるが、それより柳田が重視するのは、種々の理由から里をとびだして山で暮らすことになった個人の例で、とりわけ、女性が産後、精神に変調をきたして山に走りこむという事例を丹念に考察し、そこから関連して、山の神への嫁入り伝承をあれこれ対比し、論じる。これらは、いずれも、『遠野物語』以来の主題であるが、『遠野物語』では単に伝承を紹介するにとどまっていたのに対し、ここでは、そうした伝承が生まれ、伝えられてきた事情の真相解明に力が注がれ、一見奇異あるいは空想的な伝承に対しても、可能なかぎり現実的、合理的解釈をめざして検証考察が進められていく。

第七、八、九、一〇章では、神隠しの話が語られる。里人、多くの場合は子供が突然姿を消してしまう、そのまま帰ってこないこともあれば、時には日を経てふいと戻ってきて、聞いてみると、天狗にさらわれて霊界をめぐってきたと、その様子をくわしく語るようなこともあったというものである。これについても、柳田は、自分自身の子供時代の体験まで引きあいに出しながら子細な検討を加えて、迷子になった子供が日頃周囲から聞かされていた話を自分の体験であるかのように思いこみ、周囲もそれを受け入れた結果であろうと合理的な解釈を試みる。ただし、それをもってただちに、こうした天狗（神）隠し、霊界訪問などの伝承を無意味、無価値な迷妄として否定してしまうのではなく、近代以前の民間文化においては日常世界と霊的世界との交流メディアの役割を果たしていたのだと意義づけ、擁護するのである。

第一一、一二章でとりあげられる仙人、狸和尚の伝承についての考察も同様のパターンで進められる。このうち仙人の方は、年齢八百歳におよぶという老尼（八百比丘尼《びくに》）あるいは義経の家来常陸坊海尊《ひたちぼうかいそん》を自称する老僧が各地に出没したというものだが、柳田は、両者の説き聞かす昔の話というのが、いずれも、義経周辺のことに限られていることを指摘して、当時の民間文化における花形だった義経伝説を語りたい、聞きたいという願望が高じて、「うそ」と「まぼろし」の境がつかなくなり、本人自身も、まわりの者も、八百比丘尼なり常陸坊なりと思いこむにいたったと解釈する。狸和尚の方は、諸国行脚の僧が宿を借りた礼として奇妙な書画を残していったが、実はこれが狸なり狐なりのしわざだったというもので、これも、遊行者《ゆぎょう》、遊行僧に狐狸《こり》信仰が結びついた結果だろうと推定する。そして、八百比丘尼、常陸坊の場合でいえば、これが、『義経記』などと同様の文化産物であると意義づけるのである。

第一三章からは神隠しの話に戻り、これが子供ばかりでなく、若い女のことも多かったということからふたたび山の神への嫁入り伝承の話となる。そして、角や牙《きば》の生えた鬼子、すなわち異類の子の出生の話、山中で子を育てる山姥《やまうば》の話、育てられる山童《やまわろ》の話などを経て、山人一般の種々の行動特質が語られる。山人はしばしば里人を懐かしがり、猟師などが山中で小屋掛けしていると寄ってきて、火にあたったり、餅や飯などの食物をせがんだり、その礼に薪《たきぎ》をとってきたり、さらには町まで出てきて酒を求めたりする者まであったなどという。また、山中には山人の通行する道があり、山人の履いた大草履《ぞうり》、大草鞋《わらじ》とされるものが伝えられ、その巨大な足跡とされるものも各地にあって畏敬されている等々と柳田は紹介する。最後に、終章、第三〇章では、「これは日本文化史の未解決の問題なること」と題して結論に入るが、そこでは、特に、山人の容貌特徴や行動特徴が誇張、神話化された典型として天狗伝承が発達してきたこと、日本各地の村落、里には、中央から勧請《かんじょう》されてきた神仏の信仰の他に、土地の山の神を奉じる土着の信仰があって今にいたるまでつづいていることが強調される。

山人の起源

こうして『山の人生』は、さまざまな話題を転々としていくが、全体を通じて最大の焦点となるのは、いうまでもなく山人の存在をどう見るかということである。この問題を、あらためて整理してみると、まず、冒頭数章において、元来里で暮らしていた人間がなんらかの事情で山に入ったという事例が比較的近年の報告に基づいて詳しく検討されるが、その後、後半部に入ると、この出自の問題は脇にやられてあまり綿密には追求されなくなる。しかし、注意してみると、古来からの伝承に基づいて、山人を里人とは別種の起源、別種の暮らしを営んできた種族とみなす見方がしだいに強くなって結論にいたるようである。

この山人の出自、起源の二系統性は、すでに『遠野物語』にも見られるものであり、柳田の山人研究の中心問題として考察されてきたが、当初、柳田の問題意識としては、里の文化以前の古層文化を山に求めるということから、山人の起源を異種族、先住種族とする見方を重視していたといえる。こうした立場が明瞭に主張された例として、大正六年に日本歴史地理学会で行った講演「山人考」がある。これは、大和として日本を統一し、現在にいたる外来民族以前に日本に土着していた先住民族があり、その存在は（天つ神に対する）国つ神、鬼、天狗などとして伝承されてきたが、それこそは山人の起源だということを説いたもので、しかしながら、結論として、柳田は、近年までその記憶が伝えられてきたものの、現在では、ほぼ山人は絶滅したと認める。この「山人考」の結論を経て、それ以降も柳田の山人研究は続けられたが、伝承以外に、具体的な先住民文化の残存は発見することができず、しだいに、この方向での実証的、体系的な考察からは後退していった。

『山の人生』は、そうしたいきさつがあったうえでの山人研究の総決算にほかならないわけだが、そこで柳田は、山人の出自、起源について、両系統の可能性に含みをもたせて最終決着としようと試みる。すなわち、前半部では実証レベルで里人出自を論証し、後半部では伝承レベルで先住種族起源を展開するという決着である。このうち、後者の先住種族起源こそがそもそも柳田のめざしたものだったわけだが、ここでは、もはや、柳田はその実証的、体系的な考証は断念し、もっぱら、伝承文化としての意味、意義を探ろうとする。たとえ事実として実証できないとしても、人々の心性のうちには確実に山人というものが存在していたのであり、それこそが実証歴史学などのおよばない、民俗学が探求解明すべき日本の古層文化、基層文化そのものなのだということである。鬼、天狗というようなものが実際には存在しえないとしても、そうしたものを生み出した人々の想像力というものはたしかにあった。そして、その想像力の広がりを子細に検討していけば、それらの人々の心性において里の日常世界と別種の山の異世界というものがどれほど大きく、リアルなものとして存在していたかが垣間見られるはずなのである。『山の人生』の後半まるまるを費やして、柳田は、さまざまな伝承、物語を駆使しながら、そうした論考を展開し、生き生きと豊かな山の世界をくりひろげてみせる。

その後の山の世界

しかし、同時に、ここで、柳田の山人研究は事実上終結することになる。初めに紹介したように、これ以降、昭和期に入ると、柳田の関心は、常民（山人に対する里人、平地定住民）の方向に転換し、ほとんど、山人の問題は顧《かえり》みられなくなってしまう。その理由については種々推測されているが、柳田が元来想定した先住種族の文化というものを実証しえなかったということがやはり大きな要因となったと考えられる。『遠野物語』以来、山人の存在、山人文化の存在こそは柳田が最大の情熱をこめて探求してきたものだったが、ついに、それは伝承にのみうかがわれて、実証しえないまぼろしであり、揺籃《ようらん》期を終えて近代的学問体系としての確立期を迎えようとしていた民俗学の枠組みからは外れてしまわざるをえないのである。そのことを柳田は受け入れ、研究方向を転換するわけだが、その転換点、分岐点に立って、これまでの情熱の対象が何であり、どんな意味をもっていたか、『山の人生』においてふりかえり、そして別れを告げるのである。

『山の人生』以降、柳田民俗学は常民文化研究を軸として急速に体系化、理論化を進めていき、それにつれて、山人文化の問題は、そうした体系、理論の脇に追いやられ、学問研究の対象というよりは、むしろ、好事家《こうずか》や文学者の郷愁や空想をそそるものとして眺められてくることが多かったといえる。

だが、近年、この山人文化の問題は、ふたたび、新たな文化史的視野から評価、検討される気運が高まってきているようである。それは、民族学、考古学、人類学、歴史学等の協力をえて、弥生文化以前の縄文文化、大和民族以前の先住民族の存在が、これまで考えられていた以上に大きく、豊かであり、確実に日本文化、日本人の基層をなしていたこと、また、中近世にいたるまでさまざまな形で残存し、影響をおよぼしていたことが明らかになって、それとともに、従来の平地農耕定住を軸とする日本像と並んで山中狩猟採取移動を軸とする日本像というものが浮かびあがり、議論されるようになってきたからである。それこそは、柳田が『遠野物語』から『山の人生』において追求してきたものだったが、当時の実証レベルの限界にぶつかってついにまぼろしとして断念したこのヴィジョンが、あらためて見直される状況が到来したのである。柳田の山に向けられた想像力は、そうした未来への予見性をはらんだものだったといえようか。

そして、この想像力という点では、柳田が伝承をもとに描きだした山の世界のリアリティというものは、物語や文学の世界のリアリティに近いともいえる。それは、通常の学問方法論が求めるような厳密な実証性、理論性等に必ずしもなじまない分、それだけ、生き生きと、臨場感にあふれたヴィジョンとして読む者に迫ってくるのであり、まさに、かつての民衆が天狗や鬼、八百比丘尼や常陸坊をまざまざと実感したような、虚実、時空の境界を超えたリアリティを感じさせるものだが、こうした想像力は、近代においては、文学の領域に残存され、あるいは、甦るのである。柳田と親しい友人だった泉鏡花の『高野聖《こうやひじり》』や『夜叉《やしゃ》ケ池』などでは山の神への嫁入り伝承が、また、遠野の近郊花巻の在だった宮沢賢治の『山男の四月』『祭りの晩』『紫《し》紺《こん》染めについて』などでは種々の山男伝承が主題として組み込まれ、『遠野物語』『山の人生』の山の世界と地続きになっているのは、その証左である。従来、鏡花や賢治のこれらの作品は、近代的リアリズムの枠から外れるとして傍流扱いを受けてきたが、近年では、逆に、そうした近代的リアリズムの行き詰まりを超える可能性を開くものとして急速に再評価され、また、それに呼応して、現代文学の諸作品、たとえば、大江健三郎『同時代ゲーム』、中上健次『千年の愉楽』などには、山の世界というものが新たな姿で甦るというように目覚ましい潮流が生まれてきている。それは、柳田の山人文化研究の再評価と並行する現象であり、両者あわせて、大きな文化転換期のあらわれといえるだろう。(『遠野物語』『山の人生』岩波文庫)

折口信夫『古代研究』

明治二〇年（一八八七)、折口信夫（歌人としての活動等では釈沼空《しゃくちょうくう》を名乗る）は、大阪の古い商家に生まれた。子供の頃から、物に感じやすく、心に陰りを秘めたような気質で、日本の古典文学に強い興味を抱いたという。明治三八年、上京して国学院大学に入学、本格的に国文学を学び始めた。卒業後、一時帰阪して中学校教師を勤めるかたわら独学で研究をつづけ、文学を軸としながら古代文化全般に関心を広げていった。やがて柳田国男の仕事に触れて、その主宰する『郷土研究』に論文を投稿、大正三年にはふたたび上京して、親しく柳田に師事、はっきり民俗学の立場に立つことを選びとった。一方、同時期、和歌の方面でも、歌人島木赤彦《しまきあかひこ》に出会い、歌誌『アララギ』『日光』等を舞台に、研究、作歌両面で積極的にかかわっていった。さらに、母校国学院および慶応の二大学で国文学、民俗学、芸能史、神道学などを教えるようになり、多くの弟子を育てた。折口は、終生独身を通し、しばしば、男弟子たちと起居を共にして、そのうちのひとり藤井春洋《はるみ》は養子にまでして溺愛《できあい》、春洋が出征戦死した時の嘆きは尋常のものでなかったという。

こうした特異な同性愛的師弟関係、また、日常の言動にただよう神懸かり的な雰囲気は、ごく常識人であった柳田などとは全く対照的なものであり、それは、やがて、彼らの学問の性格にも歴然と反映されてくる。柳田は、近代以前の人々とりわけ庶民の心性が近代人とは異質なものであることを強調し、解明にあたったが、その解明の手続きそのものは近代的、合理的な筋道をとった。たとえば、『山の人生』で、八百比丘尼伝承、常陸坊海尊伝承をとりあげて、これらが、当時の人々が受け取っていたように実際に年齢八百歳に達した仙人であったわけはなく、義経伝説をめぐる噂や憧れが集団的（共同）幻想をもたらした結果にほかならないと社会心理学的推測を行うといった具合である。また、実証しえないということで『山の人生』を境に山人研究を断念してしまうのも、近代的、科学的学問手続きを尊重したからだった。これに対し、折口の場合には、資料を検討し、実地の調査を行いながらも、最後は自身の直観を決め手として論を立てていく。それは、時には、実証や論理を飛び越して非合理的と思われるような筋道をたどることもあるが、その場合にも、折口は、あたかも、その現場にいあわせたかのような確信をもって、直観の指し示すものを語るのである。それは、いわば、八百比丘尼伝承、常陸坊海尊伝承を語る前近代人の心性にも通じる幻視者（ヴィジョネール）とも呼ぶべき、しかし、同時に近代人、研究者としての醒めた批評意識をもあわせもった複合的な精神である。

こうした精神のありかたは、折口の学問のスタイルにさまざまな特色をもたらす。そのうちひとつは、折口学の中心主題である〈常世《とこよ》〉あるいは〈まれびと〉に代表されるように、日常現実から隔絶した存在に大きな関心を寄せたことであり、これは、柳田が、とりわけ『山の人生』以降、本格的な柳田学構築にあたって、〈常民〉に代表されるように、日常現実世界の解明に力を注いだのと対照的である。いまひとつは、折口が研究と表裏一体をなすようにして和歌の創作、さらには小説創作を行い、そこにおいて、まさに古代人の心性を追体験しようとしたことである。その代表的な例は、当麻寺《たいまでら》と中将姫《ちゅうじょうひめ》伝説を素材にとった『死者の書』（昭和一四年）だが、その冒頭、滋賀津彦《しがつひこ》（大津皇子《おおつのみこ》）の死霊が闇の中で甦る場面の鬼気迫る記述は、まさに、古代人の死生観を彷彿《ほうふつ》とさせるようなリアリティを感じさせるものであり、近代的、科学的学問の枠組みを大きく超えた折口の発想を示している。

柳田同様、折口も生涯にわたって旅を重ね、そこから、種々の霊感、着想を得た。若き日、志摩、熊野行の途上であやうく山中遭難しそうになった果て、たどりついた大王崎《だいおうさき》の突端から眺めわたした海原の彼方に「わが魂のふるさと」を感じた体験が、やがて〈常世〉、〈妣《はは》が国〉思想に結実した例などがそうだが、なかでも最大のものは、やはり柳田に勧められて大正一〇年から訪れることになった沖縄および南方諸島体験であり、ここに、折口は生きた古代文化の残存を見出して、そのうえに〈常世〉、〈まれびと〉等の壮大な古代世界ヴィジョンを築きあげることになった。

最晩年、折口は、熱烈な門弟集団に囲まれて一種秘儀的な隠然たる権威をただよわせながらその古代世界探求の歩みを深めていき、「民族史観における他界観念」（昭和二七年）等にその行き着いた世界観をあらわして、昭和二八年、六六歳で没した。

折口信夫

『古代研究』

折口の最初のまとまった著書となる『古代研究』は、昭和四年から五年にかけて、国文学篇および民俗学篇一、二の三冊本として公刊された。民俗学に志して以来二〇年近くにおよぶ研究を集大成したものであり、折口学とよばれるその学問構想のほぼ全容があらわれているといってよい。

長年のあいだ、さまざまな機会に発表された論の集成で、そのスタイルも内容も多岐にわたるが、ごく概要を紹介すると、まず、国文学篇では、「国文学の発生」と題して、古代日本社会における〈まれびと〉存在のさまざまなありようを説くことから始め、ついで、この〈まれびと〉すなわち人間界を訪れてくる神が人々に申し伝える種々の言葉から文学が発生し、発展していく過程をたどっていく。そこで折口が特に強調するのは、まだ文字のない時代に神の言葉が正確に反復口承されていくためには、調子の整った定型的な様式が適しており、そこから歌謡が生まれたということで、この観点に立って、種々の様式を検討し、とりわけ、それらが『万葉集』で大成され、さらに短歌に収斂《しゅうれん》して変遷していくなりゆきを『新古今集』にいたるまで順次説いていく。民俗学篇では、まず、〈常世〉ないし〈妣が国〉信仰の問題が、記紀神話や沖縄の例を引きながら論じられ（「妣が国へ・常世へ」「古代生活の研究」「琉球の宗教」）、ついで、「みず（水）」という語の音変化、意味変化の検討のうえに立って、これにかかわる巫女《みこ》、神女のさまざまなありようを扱った論（「水の女」）、猿楽《さるがく》、能楽等の芸能における翁《おきな》を、神と人との仲介をつとめる神人とみなして、その種々の展開をたどった論（「翁の発生」）、さらに、信太妻《しのだづま》（異類婚）伝説、小栗判官（餓鬼阿弥蘇生譚《がきあみそせいたん》）伝説、愛護若《あいごのわか》（貴種流離譚）伝説、盆踊り、祭などを主題とした論などがつづく。

古代とは

『古代研究』という総題に見られるように、折口の民俗学は、一貫して、古代を中心主題として展開されたが、それでは、折口にとっての古代とは何だったのか。

通常、日本における古代とは、三世紀半ば頃、邪馬台国《やまたいこく》等の部族国家が出現するあたりを起点とし、大化改新から奈良、平安の王朝期を経て、一二世紀末、中世封建社会の成立によって終焉《しゅうえん》する前後千年近くにおよぶ時期を指すといえるが、そのうち、折口は、七世紀から八世紀、日本国家の枠組みが整い、文字が使用され始め、『古事記』『万葉集』などが成立する文明興隆期を中心に、その前後まで広く視野に入れて古代というものを構想していた。だが、この構想で重要なのは、それが、通常のような政治史的区分でも、文化史的区分でもなく、人々の心性のありかたに基づいたものだということである。つまり近代的心性とは全く異質な古代的心性というものがあり、そうした心性によって動いているのが古代というものなのである。その結果、折口の古代は、通常の時代区分としての古代におおむね重なりながらも、場合によっては、中世から近世にまで入りこむこともある。八百比丘尼伝承が江戸期まで信じられていたことなど、こうした折口古代世界の残存であるといえる。

こうした発想は、基本的に柳田における近代と前近代の区分と共通するものだが、折口の場合、特にこれを〈古代〉と強調するのは、こうした前近代的心性を、常にその〈古代〉的――霊的、呪術的起源にさかのぼってとらえようとするからにほかならない。折口にとって、前近代とは、つまるところ、古代であり、その古代とは、日常人間界と、その彼方にあって、しかも、日常人間界と霊的、呪術的なレベルでさまざまに交流する非日常神界のふたつの次元からなる世界なのである。

折口は、民俗を、常に、この古代的起源にまで還元し、ついで、逆に、そこから現在にいたる生成の過程を復元しようとする。「まれびと」の「まれ」、「水の女」の「みず」等の語源が執拗《しつよう》に詮索《せんさく》され、「国文学の発生」「翁の発生」等、「発生」をめぐる諸論考に力が注がれるのは、そのあらわれである。

他界

折口にとって、その古代世界観の根底となるのは、他界の問題だった。日常人間界の彼方のこの世界が、どうして、どこに、どういう意味をもって存在するのか、どのように日常人間界とかかわるのかということを解明することが、古代探求の第一の課題となるのである。折口は、この課題に、記紀、風土記等の古代神話、その背景となったと考えられる古代民族移動、その移動の跡をとどめる南方諸島民俗等を通じて考察をくわえていく。

その大筋をたどると、まず、かつて日本列島に移り住んできた祖先たちが、その離別してきた出立の地――朝鮮半島ともいわれるが、中国大陸南部と折口は推定――を懐かしむ心、逆に、いつかたどり着くべき未知の異郷への憧れの心がこうした他界を生み出したとその起源について推測し、ついで、その他界がどこに思い描かれたのかという点では、海の彼方を基本としながら、その変形として、海の底（わたつみの国、竜宮）、地の底（根《ね》の国、黄泉《よみ》の国）、山中、空中（天上、高天原《たかまがはら》）などがあげられる。そして、この他界は、死者の行く恐ろしい、暗黒の世界（夜見《よみ》の国、常夜《とこよ》）とも、逆に、時のない（あるいは、時の進み方の異なる）、富み栄え、恋と愛に満ちた楽園（常世）とも想像され、そこには、巨人、小人、鬼、虫などの異人や異類、異神、そして、この世を去った祖先が住んでいるとされたという。

　こうした古代における他界のありようは、日本本土、中央部においては、もはや、記紀神話等の過去の伝承を通じてうかがうことしかできないが、周辺部、とりわけ、太古、日本民族の祖先たちが大陸から日本列島に移住してくる道筋にあたった沖縄など南方諸島には、そこにそのまま住み着いた部族の間にまだ習俗として生きつづけているとして、折口は丹念に調査を行い、そこから、より鮮明詳細な他界ヴィジョンを引き出そうとする。通常「にらいかない」とよばれるこの他界は、やはり海の彼方に想定され、〈まや〉その他の神々が住んでいて、そこから、島々を訪れてくる、島々には、この他界を遥拝する場所が設けられ、〈のろ〉、〈ゆた〉などとよばれる巫女がいて、種々の祭が行われる等々。

まれびと

この他界と日常人間界はさまざまな形で交流する。人間界の側からも稀にはこの他界にまで行って戻ってくることもあるが——いざなぎの黄泉の国行き、浦島の竜宮訪問、山幸彦《やまさちひこ》のわたつみの宮訪問、田道間守《たじまもり》の常世行きなど——、より重要なのは、他界の方から神が人間界を訪れる〈まれびと（まろうど）〉とよばれるもので、これこそが古代人の心性の中核をなすものとして、折口民俗学の中心概念となる。

〈まれびと〉は、春（年）の初め、盆など、時を決めて人々のもとを訪れてくる。猫や蛇などの動物、鬼や妖怪などの姿をし、あるいは、蓑笠《みのかさ》に顔を隠したりといったような風体で、人々はこれを大いなる畏怖心をもって迎え、饗応に努める。すると、〈まれびと〉は、人々に、豊作や、その他の祝いを予言し、教訓をたれて去っていく。

これら〈まれびと〉の正体は、実は、その村落の若衆が仮装したものにほかならないが、そのことは、いわば、黙契として秘されており、その来訪の瞬間には、迎える側も、迎えられる側も、共に、真実、神が訪れていると感じ、信じるのである。

折口は、こうした〈まれびと〉来訪の神事が今も暮らしのうちに脈々と生きつづけているさまに沖縄で出会い、そこに、日本人の神概念の起源を見出して、そこから、さまざまな展開をはかることになる。

沖縄ばかりでなく、本土においても、三河の花（正月）祭や秋田のなまはげなど、同様の〈まれびと〉神事があり、宮中にもこれが伝わって、たとえば新嘗祭《にいなめさい》がそれであるという。沖縄など南方諸島で海の彼方からやってくるとされた〈まれびと〉は、内陸部では、里をとり囲む山からやってくるとされ、特に、農耕儀礼と深くかかわって、春の初め、山から降りてきて米作りを見守り、収穫まで見届けてまた山に帰る田の神などに変容していった。

春夏秋冬、季節ごとの祭に代表される種々の祭は、総じて、〈まれびと〉を迎えるのが元来の趣旨であり、そこで肝要なのは、来訪神たる〈まれびと〉が発する言葉に、これを迎える土地の精霊が答えるという対話儀礼である。対話とはいっても、ここでは、はっきり、上下の関係が定まっており、上に立つ〈まれびと〉が宣下《せんげ》するのがいわゆる祝詞《のりと》であり、下に立つ精霊が奏上するのが賀詞《よごと》であって、この対話こそが文学あるいは芸能の原型となる。文学にせよ、芸能にせよ、およそ文化の起源は、この異世界からやってきた神が発する呪言《じゅごん》ないし祝言が、土地の精霊を仲介者として人々に伝えられていく、そのやりとりに始まるのだというのが、折口の文化観の根本だった。

貴種流離、みこともち、神の嫁

文学の場合、こうした発生のありかたを特徴的に示しているとして折口が強調したのが、貴種流離譚という物語類型である。これは、本来、海の彼方なり天上なりの異世界にあった神（貴種）が、なんらかの罪を犯す等の事情で、この地上世界に流されてきた（流離）、そして、そこで、土地の娘と契りをかわす等々の来歴を語るという物語類型で、『古事記』におけるスサノオ神話から始まって、かぐや姫や羽衣伝説、あるいは、『源氏物語』における光源氏の須磨、明石流謫《るたく》、『伊勢物語』における昔男（在原業平《ありわらのなりひら》）の東下《あずまくだ》りなどの世俗物語にまで受け継がれ、日本人の物語発想の基本となったという。この貴種流離譚の枠組みは、さらに下れば、『平家物語』などの軍記物、近松門左衛門などの浄瑠璃《じょうるり》等に盛んに用いられる道行きや、近代文学においても、志賀直哉『暗夜行路』、川端康成『伊豆の踊子』『雪国』などまで組みこみうるほど、長い有効射程をもつ構想といえる。

また、この来訪神の言葉を人々に伝える仲介者の役割を折口は重視した。いわば神言の通訳者であり、これを総称して〈みこともち（御言持ち）〉という。この〈みこともち〉には種々のありかた、また、位階があり、その最高位に立つのが天皇にほかならない。つまり、天皇も、元来は、神の言葉を、最も親しく承り、これを神に代わって持ち伝える役まわりなのである。しかし、やがて、この神の代理者たる天皇が神そのものとされ、その〈みこともち〉として中臣《なかとみ》氏が任じられ、さらに、それが下位へという具合につづいていくようになり、それが、いわば文化の伝達、展開の基本パターンとなっていくのである。柳田民俗学の中心主題であった山人の存在についても、折口は、この〈みこともち〉の枠組みに組みこんで解釈する。すなわち、山人とは、山の神に仕えて、その言葉を里人に伝える〈みこともち〉の一種というのである。

一方、この神に仕える役まわりを女性がつとめると、それが巫女となるわけだが、この巫女の場合には、単に、神の言葉を伝えるにとどまらず、神と交わる〈神の嫁〉として位置づけられることになる。具体的には、神の代理者である神主と、あるいは、祭の恍惚《こうこつ》状態において神が乗り移った男たちと交わるという古代の風習にあらわれるが、それによって、遠来の神をもてなし、慰めるとともに、その祝福を受けることになる。こうした神との交わりの観念は、変形して、結婚の際の初夜権（結婚初夜には、夫婦は禁欲して、神に花婿の権利を譲る）や、種々の神への人身御供《ひとみごくう》などに伝わっているという。この〈神の嫁〉のモチーフは、『死者の書』などの物語を生み出すことにもなる。

翁、もどき

折口は文学と並行して、芸能の発生、展開にも精力的な考察を行っているが、そこで、芸能の原点とされるのが、やはり、〈まれびと〉の到来とそれを迎える神事であり、それぞれ、〈翁〉と〈もどき〉として説かれる。

まず、〈翁〉とは、元来、常世から訪れてくる神、一族の祖先神が聖なる長老の姿をとってあらわれたものであり、この〈翁〉が人々に祝福をほどこす所作《しよさ》こそが芸能の起源にほかならないのである。能の「翁」で、翁が「とうとうたらり」と呪言を唱えながら舞うのがその原型であり、婚礼などの祝事に演じられる「高砂」で、住吉の松と高砂の松の一対の精が老翁老媼《ろうおう》の姿をとってあらわれるのなどもそうした〈翁〉の意義を伝えている。

一方、〈もどき〉とは、この〈まれびと〉の到来を受けて、それを迎える土地の精霊が答礼する所作であり、ちょうど〈みこともち〉が神の言葉を復唱伝達するように、〈まれびと〉の所作をまねるところから〈もどき〉と呼び慣わされる。その原型は、やはり、「翁」で、〈翁〉の舞いに続いて、その所作をまね、くりかえす三番叟《さんばそう》であり、ここから派生して、能における〈して〉と〈わき〉というような組み合わせが生まれてくる。さらに下って、万歳における〈太夫《たゆう》〉と〈才蔵〉、現代漫才における〈ぼけ〉と〈つっこみ〉等にまで、この〈もどき〉の型は伝わっているだろう。まね、くりかえし、かけあいを基本パターンとして、やがて、そこに、機知、揶揄《やゆ》、誇張等の要素が盛り込まれ、滑稽な効果をもたらすようになるのである。また、能に対する狂言あるいは歌舞伎というように、芸能様式の分化発展、さらにいえば、和歌に対する連歌、俳句、狂歌や川柳といった詩歌など他の文化領域における分化発展にも、本格に対する変格という〈もどき〉の原理が働いていると、折口学の継承者である池田弥三郎などは指摘する。すなわち、訪問神と土地の精霊の対話から生まれた〈もどき〉こそが、日本文化生成発展のダイナミズムを生み出す基本要素となるのである。〈みこともち〉にせよ〈もどき〉にせよ、〈まれびと〉の言葉やふるまいを土地の精霊がまね、くりかえすというこうした神事が日本文化の起源となったことについて、折口は、異郷からやってきた〈まれびと〉の言葉やふるまいが、土地の一般人には理解できない象徴的なものであったために、これを、分かりやすく翻訳する必要から発生したのだと説く。つまり、日本文化の本質を、外からやってくる未知の文化を翻訳し、解釈し、国風化する文化ととらえる見方であり、それを、単なるものまねとして否定視するのではなく、創造、発展的エネルギーのあらわれとして評価するのである。

聖と賤

芸能史の考察にあたっては、また、聖《せい》と賤《せん》という要素を折口は重視した。芸能というものが、元来、〈まれびと〉の言葉やふるまいを伝え、模倣することから始まったものであるとすれば、それは、当然、日常性を超えた異世界性を本質とするものであり、そのあらわれとして聖性、あるいは、その裏返しとしての賤性を帯びることになるのである。この聖賤性は、時代が下るにしたがって、聖より賤の方に比重が増していくが、常に表裏一体をなして、芸能とその周辺につきまとう。その典型は、巫女から遊女への移りゆきだろう。元来、神に仕える〈神の嫁〉として聖なる存在であった巫女は、やがて、世俗化して、歌舞の芸をもっぱらとする白拍子《しらびょうし》などとなり、さらに、その性的な要素を強めて売淫《ばいいん》をなりわいとする遊女という賤なる存在に化する。しかし、実は、巫女にも、すでに、遊女的な賤性があり、遊女にも、逆に、巫女的な聖性が残存しており、白拍子のような芸能者にはその両性が備わっていたといえるのである。元来、〈まれびと〉(の代理――〈みこともち〉)が家々に寿言(ほがいごと)を唱えて回る意味合いをになっていた〈ほがいびと〉が、やがて、「乞児」と記されて、門付《かどづ》け芸人すなわち乞食と蔑視されるようになったのも同様であり、とりわけ、こうした諸国回遊の流浪者の場合は、念仏踊りの聖《ひじり》、琵琶《びわ》法師、瞽女《ごぜ》のように、色濃く聖と賤の入り混じった怪しさを帯びることになる。歌舞伎の語源となる「かぶく」という語が、元来、常軌を外れた奇抜、無頼なふるまいを言うことにも、また、歌舞伎役者、ひいては、芸能者一般を河原乞食と蔑称したりすることにも、このような芸能の根源をなす異世界性、それゆえの聖賤性がうかがわれ、それは、現在の芸能文化、風俗文化にまで深くおよんでいるといえる。折口は、こうした聖賤性こそが芸能の本質をなすものであり、ひいては、日本文化の核心となるものだとみなしていた。

日本文化の起源へ、深層へ

初めに述べたように、折口は、柳田民俗学に触発されて自身の学を興し、終生、柳田を師と仰いで研究を進めたが、その個性、発想、方法は、対照的といってよいほど異質なものだった。柳田は、本来、合理的な発想、考え方をする常識人であり、そうした傾向は、昭和期以降、本格的な民俗学体系確立を進めていく過程で一層強まって、一般人の日常的な暮らしの基礎を実証的に解明するという常民研究にむかっていったが、それに対し、折口は、元来、非日常的、異界的なものを憧れてやまない心性の主であり、論理、実証を超えて、文化の起源、深層に潜むそうした異界的なものをまざまざと幻視するように進んでいった。

その結果として、いわゆる折口学というものは、柳田常民学を軸とする民俗学の主流からは外れた異端的、秘教的な性格を帯びるようになる。それは、やはり柳田と競合しながら独自の色濃く土俗的、アニミズム的な世界観を展開した南方熊楠の民俗学が傍流に位置することになったのと対をなすようなところがある。南方の場合には、長い外国体験、粘菌研究等を背景として、文化人類学的また博物学的な、広く、水平的な視野を特質とするのに対し、折口では、詩人的直観にしたがって、自分の感性の奥深く潜むものを凝視し、その起源へとむかってさかのぼっていこうとする垂直的な方向性が際立つという対照はあるが、柳田学という正統主流を挟んで、このふたつの傍流的な学が、それぞれ、孤立気味に並び立つという三極構造が日本民俗学の大きな骨格を形作ることになったといえる。

だが、柳田の項に述べたように、近年、前期柳田の山人文化研究再評価の気運が高まってきたのと並行して、これら折口、南方の傍流的な学に対する評価、関心も急速に高まり、新たな意味を帯びるようになった。それまでの後期柳田常民民俗学が基盤としてきた弥生以降の農耕定住文化を基本とする日本文化観に対し、その根にある縄文以前の狩猟採取移動文化を重視する原日本文化観が前面に登場し、それに照応するものとして、柳田の山人文化研究や折口、南方の研究が注目されるようになったのである。折口についていえば、彼が予言者的直観によって捜し当てた沖縄など南方に残存する古層文化、そこに幻視した〈まれびと〉を介した他界との交流、神や霊との交流というヴィジョンが、こうした日本文化の基層を照らしだし、さらに、その後の日本文化展開の基本構造まで解き明かす手がかりを提示することになる。

その要となるのは、たとえば、天皇の存在であるだろう。対比的に集約していえば、後期柳田は、弥生以降の農耕定住共同体の枠組みのうちに日本文化を位置づけ、天皇についても、基本的には、その中に組みこんだが、折口は、天皇を、本来、それ以前の共同体とその外の超越的世界（他界、異世界）の媒介者（〈まれびと〉、〈みこともち〉）であったと位置づけ、農耕定住社会に移行後も、そうした起源的な意味を保ち、単なる政治的権力者以上の神威を帯びることによって日本文化に超越的、形而上的な方向性を与える基盤となったとみなすのである。こうした折口の天皇観は、近年の新たな古代日本文化観、国家像の論議に深く照応し、作用をおよぼしつつあるといえる。

さらにまた、学問的なレベルにとどまらず、むしろ、それ以上に一般文化にまで折口の発想との対応は顕著に見られる。たとえば、折口は、従来日本文化において低い位置づけにあった芸能を重視し、〈まれびと〉の顕現、聖と賤の二重性という枠組みにおいて考察したが、それは、一九六〇、七〇年代以降、従来の新劇にとって代わった唐十郎、寺山修司に代表されるアングラ演劇などの現代演劇がめざした方向にまさに合致する。近代市民社会をリアリズム的に描こうとする新劇に対して、これらアングラ演劇は、そうした近代市民社会の底辺深くに潜む原日本的な文化を非リアリズム的に幻視し、浮きあがらせようとして、折口的芸能の世界に接近していくのである。

こうして、従来、特異な秘教的学として見られることも少なくなかった折口学は、新たに、開かれた、普遍的な学としての可能性を現し始めてきている。それは、柳田学、南方学の再評価とあわせて、民俗学の文明学としての意味の大きな組み替え、革新を示すものだろう。

（『折口信夫全集』中央公論新社）

柳宗悦『雑器《ざつき》の美』『美の法門』

柳宗悦は、明治二二年、東京に生まれた。父楢悦《ならよし》は海軍技術将校の逸材だったが、宗悦二歳の時に没し、以後、神官の家の出である母勝子の手で育てられた。学習院に学び、ここで、武者小路実篤、志賀直哉などと知り合い、雑誌『白樺《しらかば》』を創刊、その後長く白樺派の一員として活動することになった。この頃から心霊現象など霊的な問題に関心をもち、東京帝大に進んで心理学、哲学を専攻した。やがて来日中のイギリス人美術家バーナード・リーチと交友を結ぶようになり、リーチからイギリスの特異な神秘主義的詩人かつ画家ウィリアム・ブレークについて教えられ、熱中、これをきっかけとして、地上的、知的、個我的なものを超える宇宙的、霊的、全体的な存在の探求をめざして神秘主義的宗教思想の研究に乗りだした。その過程で、ブレークとならんで、アメリカの生命主義的詩人ホイットマンなどにも傾倒したが、同時に、こうした志向によりかなう宗教思想として、仏教、老荘など東洋伝統思想に接近するようになった。

一方、柳は、早くから美術を愛好し、『白樺』を通じて西洋近代美術の紹介、普及につとめ、「白樺美術館」の設立などを構想していたが、大正五年、朝鮮陶磁器研究家浅川伯教《あさかわのりたか》・

巧《たくみ》兄弟の手引きで朝鮮を旅行、そこで伝統工芸美術とりわけ李朝《りちょう》の雑器に魅せられ、帰国後、日本の雑器にも関心を広げていった。さらに、当時住んでいた我孫子《あびこ》にリーチ、浜田庄司等を招いて、彼らの陶芸の作業に親しく接することで、単なる古美術鑑賞にとどまらず、工芸創造の本質追求をめざすようになった。

大正八年、日本の植民地化政策、弾圧に抗議して朝鮮独立を唱える三一運動がおこると、柳は積極的にこれを擁護する言論を発表し、同一三年、朝鮮文化の維持、紹介をはかって朝鮮民族美術館設立など、さまざまな運動を展開した。

大正一三年、柳は、江戸後期の遊行僧で行く先々におびただしい数の素朴な木彫仏を残した木喰上人《もくじきしょうにん》の作品を発見し、その調査研究に集中し始める。この木喰仏との出会いは、工芸と信仰の融合一致という柳の根本思想確立に大きな示唆を与え、並行して深まっていった雑器への関心とあいまって、やがて、大正一五年、民衆的工芸の略称である「民芸」の語が生み出され、その宣言というべき『雑器の美』（原題「下手《げて》ものの美」）が発表された。そして、これを契機として、本格的な民芸運動が開始される。各地に残る古民芸品の調査・収集、民芸理念の普及、新作の考案・製作・頒布の三分野にわたるこの運動は、柳を中心に、浜田、河井寛次郎らの実作者、大原孫三郎らの後援者を加えて展開されていき、昭和一一年、日本民芸館設立に結実した。

この間、柳たちは、日本各地から朝鮮、満洲まで旅を重ねたが、昭和一三年には初めて沖縄に入り、その独自の伝統民俗文化に感銘して、以後、その紹介、維持の運動に、朝鮮の場合と同様、奔走した。

昭和二一年、柳は、北陸旅行の途次、浄土真宗開祖親鸞《しんらん》の教えがやさしく説かれた色紙和讃を見て、その素朴な信仰のありように深く惹きつけられ、以後、浄土系の他力信仰、とりわけ、妙好人《みょうこうにん》とよばれる無学だが敬虔な信仰をもっぱらとした平信徒の存在に傾倒していく。そして、翌々年、この他力信仰を支えとして民芸の理念を意義づけた『美の法門』を発表、柳宗教美学を完成させた。

晩年の柳は私財一切を民芸館に寄贈し、和讃にも似た短い章句を書き記した〈偈《げ》〉を作っては人々にほどこすような日々をすごしていった。たとえば「南無阿弥陀仏　イトシズカ」、「今日空　晴レヌ」というようなものである。こうして聖者を思わせる境地に達し、昭和三六年、七二歳で没した。

『雑器の美』

民芸宣言ともいうべき記念碑的論文『雑器の美』は、それぞれ八百から千字程度の断章を一一、それに簡単な序と跋《ばつ》を付しただけの分量的には小篇といってよいほどのもので、そのスタイルも、「無学ではあり貧しくはあるけれども、彼は篤信な平信徒だ。なぜ信じ何を信ずるかをさへ、充分に言ひ現せない。併《しか》しその素朴な言葉の中に、驚くべき彼の体験が閃《ひらめ》いてゐる。手には之《これ》とて持物はない。だが信仰の真髄だけは握り得てゐるのだ。彼が捕へずとも神が彼に握らせてゐる。それ故彼には動かない力がある」（序、冒頭部）というような、独特の発想、リズムにあふれた、散文詩か箴言《しんげん》を思わせるものであり、およそ、緻密に理論を展開していくというようなものではない。にもかかわらず、そこには、後年にいたるまでの柳の民芸思想の諸要素すべてが出揃っている。ここでは、それら諸要素を整理し、同時期に引きつづき書かれた『工芸の道』『工芸美論の先駆者に就いて』等、より細かく理論を述べた論文で補足しながら紹介したい。

柳宗悦

まず、今冒頭の一節を引用した序では、柳にとって民芸の最大本質である信仰と工芸の一致融合が高らかに唱えられる。工芸、それも、「民芸」という語によって規定されるような庶民の暮らしに密着した工芸を生み出す職人の営みには、およそ、自分が作る、自分を表現するというような意識のかけらもない。純粋に無心の境地で、熟練した手の動きに身を委ね、物が生まれてくるのを待つのであり、それは、ひたすら念仏を唱えつづけて御仏があらわれるのを待つのと全く同じことだというのである（「名号《みようごう》は既に人の声ではなく仏の声だと云はれてゐるが、陶工の手も既に彼の手ではなく、自然の手だと云ひ得るであらう」）。この信仰・工芸一元論は、これ以降、深化熟成をつづけ、やがて、晩年の『美の法門』に集大成されることになるわけだが、すでに、その原型は、この序に明瞭にあらわれているのである。ただし、『美の法門』では、信仰のありようの方に比重が移るのに対し、『雑器の美』では、論の前提として唱えられるにとどまり、本論では、もっぱら工芸のありようが論じられることになる。

下手物、雑器、民芸

『雑器の美』は、最初、新聞に発表された時には「下手《げて》ものの美」と題されていた。「下手もの」という語は、当時柳が掘り出し物探しに通っていた京都の古物市で、「上手《じようて》もの」すなわち上等品に対する下等品、安物の意味で使われていたのを用いたものだというが、のちに、これを「雑器」という語に改めたのは、「下手」という蔑《さげす》むような言い方、ひいては「ゲテモノ」というグロテスクなイメージを払拭《ふつしよく》し、そうした偏見に汚されない本来の価値を再認識してもらうためにほかならない。柳は、「雑器」とは、ただ単純に、一般民衆がふだんの暮らしにおいて使っている皿、碗、鉢など、食器を中心とする雑多な品々と定義する。

この場合の「雑」とは、暮らしの中の実用具であれば何でも区別なくという意味、特別、特殊ではない、当たり前、平凡という意味であり、「下手」のような差別、侮蔑《ぶべつ》性を含まない。そうした日常の暮らしを、そのありのままに受け入れる姿勢を柳は「雑器」という語に託すのである。

そして、その姿勢をさらに鮮明に示すものとして「民芸」という語が創造されることになる。「民芸」の「民」はいうまでもなく民衆である。これまで「上手もの」のみが美とされ、それを専有してきた上層階級のみが美を享受するとされてきたのに対し、そうした美のレベルから疎外されてきた民衆の側に立って、民衆の美を発見確立することをこの「民」によって柳は言わんとする。では「芸」は。のちになって柳自身注解しているところに従えば(『日本民芸館』昭和二九年)、この「芸」は、芸術ではなく、工芸を指す。芸術というと、その方が高級のようだが、それでは、つまるところ、「上手もの」のように、美そのものをめざしたものということになり、柳の本意から外れてしまう。あくまで実用が先であり、それは、芸術家ではなく、職人によって作られる工芸でなければならないのである。

こうして、卑下することも、逆に背伸びすることもなく、民衆の工芸、暮らしの中の実用から生まれる美を正面から見据え、評価、位置づけることこそが柳の意図にほかならない。

では、こうした雑器の特質とはなにか。

まず、実用性、すなわち日々の使用に耐えるために頑健であることが求められる。そのために、ただ奇をてらったような病的なもの、過度に装飾的なものは排される。

ついで無名性、非個人性。芸術であれば、ある特定の芸術家個人の作品としての性格を帯びることになるが、工芸は、数知れぬ、また、名も知れぬ職人によって生み出された、その意味で共同的な性格を本質とする。

さらに、これをつきつめていえば、工芸は自然によって生み出されたものだということになる。具体的には、その土地土地の土なり、木なりの材料こそが工芸の出発点であり、この素材それぞれの性質にさからうことなく、それに従って作られたものにこそ、おのずからなる天然の美があらわれてくるのである。

制作過程についていえば、反復、迅速、自在ということが肝要になる。これは、生活実用品として大量かつ廉価な生産を要求される結果、同じ種類のものをくりかえし作っていく、それによって熟練度が増し、どんどん素早く手が動くようになる、と同時に、物を作っているというような意識からも解放された無心、自在の境地に達するというなりゆきであり、その果てに、神業といってよいような驚くべき完成と美が生まれるのである。

最後に、こうしてあらわれる雑器の美そのものの特質として、単純、多彩、独創等をあげることができる。不要な装飾性を排し、ひたすら実用を追求することから単純さが生まれ、しかし、機械工業的生産とは異なり、微妙な素材の差、手の動きの加減によって千変万化ともいうべき多様性が生じてくる。また、知識や型などにとらわれずに作業が進められる結果、外来様式の模倣などに堕することなく、独創的な、日本固有の美を実現することになるというのである。

以上のような特質をもつ雑器というものに、では、柳は、現代日本の知識人として、どう対し、どうその文明史的意味を位置づけるのか。

雑器について、この時点で、あらためてその意味を確認し、語らねばならなくなった事情について、柳は、雑器がまさに滅びかかろうとしているからだと述べる。これまで雑器が身の回りで日常的に使用されてきた間は、当たり前のこととして注意されることもなかったのが、急速な近代化、機械工業生産化によって、これら手工芸が駆逐される危機に瀕《ひん》して初めて、その意味への意識が目覚めることになったのである。失われようとするその時になって、失われるそのもののかけがえのなさが痛切に感じられ、顧みられる。歴史の逆説だが、その逆説を正面から受け止めて、柳は、その証人たることを自分の任務とするのである。よくも悪くも、それが知識人、とりわけ、現代日本のように激しく文化が変容する転換期に生まれ合わせた知識人の役割にほかならない。

こうした使命感の上に立って、柳は、雑器がたどってきた運命、その文明史的意味を考察する。

柳によれば、芸術の歴史は、概して、堕落下降の傾向が強いといえる。時代が下れば下るほど、意識的、人為的な性格が強まり、技巧や装飾の過剰、模倣による形骸化等を招くことが多いからである。その中で、雑器は例外的にそうした頽廃《たいはい》を免れ、その結果、民族文化本来の健康な美を保ってくることができたということを柳は重視する。

『工芸の道』緒言、『工芸美論の先駆者に就いて』等では、特にこの問題をとりあげて、自分のめざす民芸運動のありかたを文明史的に位置づけようと柳は試みる。そこで、柳は、近代西欧文明において、「美術（Fine Art）」と「工芸（Craft）」が分けられ、実用を排した前者においてこそ純粋、高等な美が追求実現されるとみなされてきたことを批判し、こうした見方が、実は、ルネッサンス以来、人間中心的、個人主義的、自力的な価値観が強まってきた結果のものであって、西欧の場合にも、それ以前の中世においては、神あるいは自然中心的、没個人的、他力的な価値観を背景として実用と美の総合をめざしたゴシック教会建築のような芸術が存在した、そこにこそ戻るべきではないかと提唱する。そして、こうした考え方の先駆者として、一九世紀イギリスに興ったラファエロ前派運動の先達ラスキンとこの運動の集成者モリスのふたりをあげ、彼らの思想を詳しく紹介する。

ラスキン、モリスらの思想、活動については、すでに、岡倉天心の『東洋の理想』などで言及されてきたが、日本において、最も深く、また、主体的にかかわったのは柳であり、その民芸運動の発想が彼らから大きな触発を受けて生まれたのは間違いない。世界に先駆けて産業革命を果たし、機械工業生産を推し進めたイギリスにおいて、手工芸の衰亡はより深刻だったが、これを文明の危機ととらえて、その克服のために、ラスキンは中世ゴシック教会建築の再評価を唱え、モリスは「聖ジョージ組合」等の工芸美術運動を推進し、さらには、自然環境再生、社会主義的理想社会の建設をめざした。それを受けて柳は民芸運動を創始するわけだが、しかし、一点で、柳は彼ら、とりわけモリスの工芸運動のありかたを批判する。それは、モリスらが工芸の美を強調するあまり、過度に工芸を美的なものとしてしまい、工芸本来の実用性を損なってしまったということである。その端的な例として、柳はモリスの代表作「赤い家」をあげ、その壁紙の装飾的模様を見るに堪えないとまで酷評する。柳の観点からすれば、モリスらも、結局は、純粋美術、実用を離れた美という近代西欧芸術が犯してきた通弊に陥ってしまったということになるのである。いや、実をいえば、この通弊は、近代西欧に限らず、工芸というものに絶えずつきまとう誘惑なのであり、日本においても、雑器の美を初めて認めた茶道がやがて形式化、制度化していくにつれて、本来雑器であったものをもっぱら美的なものとして扱うようになるという頽廃が見られる。こうした通弊、頽廃に陥ることなく、あくまで、実用を第一義とする工芸のありかたを柳は主張し、そこに自分たちの運動の画期的な意味を自負するのである。

『美の法門』

『雑器の美』が柳の壮年期、民芸運動を開始するにあたって、民芸すなわち民衆工芸そのものについての思想宣言であるのに対し、それからおよそ二〇年余りを経て、晩年に入りかかろうとする柳がこの民芸思想の根底をなす宗教的世界観、審美観を総決算的に語ったのが『美の法門』である。青年期、もともと宗教学者として出発し、人間にとって宗教的なものが何を意味するかということを模索してきた柳は、壮年期もっぱら民芸という広い意味で美的な世界に入っていったが、ここでようやく、その両者を総合する境地にたどり着いたのである。

『美の法門』に説かれる思想の基本は、先に引用した『雑器の美』序の冒頭文章「無学ではあり貧しくはあるけれども、彼は篤信な平信徒だ。……」にすでにあらわれているものだが、こうした工芸職人の物を作っていく心の底に流れる信仰のありかたをさらに追求して、それが、工芸制作にとどまらず、妙好人とよばれる浄土宗系の庶民の素朴な他力信仰のありかた全般に通じるものであること、つまるところ、浄土三部経のうちのひとつ『大無量寿経《だいむりょうじゅきょう》』の「無有好醜の願《むうこうじゅのがん》」にきわまることを述べるのが『美の法門』の中心趣旨となる。柳は、以前からこうした思想を抱いていたが、戦後間もなく、北陸にしばしば旅して、そこで、こうした浄土系民衆信仰の伝統に深く接し、また、大学時代以来の師である鈴木大拙《だいせつ》からの感化もあったのに加え、昭和二三年七月、富山県の城端別院《じょうはなべついん》で上にあげた『大無量寿経』を読んだことが決定的な啓示となり、その直後、『美の法門』は一気に執筆された。そして、その年の一一月京都で開かれた第二回日本民芸協会全国大会でこれが発表されると、大きな反響をよんで（その時の聴衆のひとり棟方志功《むなかたしこう》は、感激のあまり壇上の柳に泣きながら抱きついたという）、翌年、還暦記念の私家版として刊行された。

無有好醜の願

『美の法門』は、冒頭、まず、この『大無量寿経』四十八願の第四「無有好醜の願」を掲げて、その意を説くことから始まる。

設《たと》ひ我仏を得んに
国の中の人天《にんでん》
形色《ぎょうしき》不同にして
好醜《こうじゅ》有らば

正覚《しょうがく》を取らじ

柳はこれを「若《も》し私が仏になる時、私の国の人達の形や色が同じでなく、好《よ》き者と醜《みにく》き者とがあるなら、私は仏にはなりませぬ」と口語訳したうえで、その要点を「仏の国に於《おい》ては美と醜との二がないのである」と述べ、これをもって美の宗教というものが建立されると説くのである。

元来、この願は、正覚（さとり）を開いて阿弥陀仏となる以前、修行中の身だった法蔵菩《ぼ》薩《さつ》が衆生《しゅじょう》救済のためにたてた四十八の願のうちのひとつだが、これを以上のように解釈することによって、この美醜の別を超えた境地のうちに民芸のめざすべき究極至高の理想を柳は最終的に定位する。

ふりかえれば、『雑器の美』以来、柳は、「下手もの」とか「雑器」とよばれて「上手もの」から差別され、美の範疇《はんちゅう》から疎外されてきた日常実用具のうちに美を復権させようと努力してきたわけだが、そうした差別をつきつめていけば、結局は、芸術と実用、美と醜というような区分そのものが問題となるのであり、こうした区分自体、区分意識自体を廃さないかぎり解決はありえない。その解決をこの願が与えてくれたのである。

人間の意識というものは、通常、絶えず、物事を区別することで営まれている、善悪、好悪、美醜等々。人間の意識あるいは文化とは、こうした区別の集合、体系であるとさえいえる。だが、まさにそこにこそ人間の煩悩《ぼんのう》は生じるとして、そうした区別する意識すなわち分別というものを離れ、一切区別のない、無分別の境地にいたることを仏の教えは説く。われわれがとらわれているさまざまな区別とは見かけにすぎず、本来は二ならずして一すなわち不二一元《ふじいちげん》こそが世界の本質なのだ、その本質に還らねばならないということである。この根本的な世界観に裏づけられて初めて『雑器の美』以来の民芸理念は完成する。この世に美醜などというものはない、あらゆるものをそのあるがままに受け入れることこそが仏の道であり、とりもなおさず民芸の極意にほかならない。信に裏づけられた美の理想、信美一如《いちにょ》の理想の完成である。

他力、念仏、妙好人

では、こうした境地にはどうやっていたるのか。『美の法門』後半は、もっぱら、この民芸の根底をなす信のありかたを説く。そこで、なにより肝要なのは、美醜の区別をつける意識すなわち分別を捨てることであり、そうした分別のもととなる我を捨てることであって、そのためには、赤ん坊のように無心、無力な存在としてわが身を仏に委ねる、一切を仏の御心のままにという他力本願のありかたこそがよしとされる。とりわけ、知識も才幹もない凡夫には、ひたすら仏の慈悲にすがるこの道こそが救済への大道であり、それを集約するのが念仏である。厳しい修行や難しい教義はいらない、ただ、南無阿弥陀仏の名号を唱えるというその一事に徹することによって、善人悪人、才人凡夫の別なく、等しく往生は達せられる。

こうした念仏による救済を説く念仏宗あるいは念仏門、なかでも諸国を遊行して踊り念仏をひろめた時宗の開祖一遍《いっぺん》上人を柳は信の範としてあげ、民芸の拠るべき境地とするのである。民芸は、単なる技術でもなければ芸術でもない。ひたすら己を空《むな》しくして物を作りあげていく手の動きそれ自体が期せずして念仏であるような、その反復の極致において仏とひとつになる、仏となるような信の営みなのである。その意味で、『美の法門』では直接言及されていないが、この時期深く傾倒し始めていた妙好人のありかたに民芸は重なることになる。市井にあって、無学、無名ながら、ひたすら信心一筋に励む素朴な平信徒たる妙好人こそが民芸の理想であり、それによって、柳は、民芸品を妙好品と呼びさえした。

柳民芸思想の普遍性と独創性

『美の法門』本論概要は大体以上の通りだが、柳はこれにいささかの後記をつけて、自分の思想の位置づけを行っている。

まず、種々の宗教に聖典があるように民芸美学にもその典拠となるものを長らく求めてきて、『大無量寿経』第四願にそれを見出し、これによって、仏の慈悲をもととする民芸という信美一如の理想が完成されたと宣言する。浄土門他力信仰を基礎とする美学ということだが、その典拠となる『大無量寿経』では、柳自身述べているように、普通は、第十八願「念仏往生の願」が他力信仰思想の要としてとりあげられることが多い。これは、一切の衆生が念仏を唱えることによって往生するまでは自らも仏とはならないという法蔵菩薩の願であり、親鸞の悪人正機《あくにんしょうき》説などの典拠とされたものだが、柳は、あえて、この第十八願ではなく、第四願を典拠として選びとる。無論、このふたつの願は相通じたものではあるが、第十八願の方が、衆生救済という倫理性を正面から押し出したものであるのに対し、第四願は、それを美的なものへ転位させたところに差がある。柳はその第四願の方を選ぶことによって、自分の民芸思想が宗教的、倫理的であることを基礎としながら、それを美的なものへ転位させて成立するのだということを明確にするのである。

ついで、柳は、このように仏教とりわけ浄土門他力思想を援用して民芸の基礎づけを行うことについて、本質的には、キリスト教なり他の宗教思想でも変わらない、たとえば、「仏が正覚をとる」ということは「神が神自らになる」と置きかえられるし、「無」は「無限」と言い換えられると説く。宗教は普遍的なものであり、それに立脚した民芸も普遍的なものであるというのである。

ただし、そのうえで、なお、浄土門他力思想を特に援用したことについては三つの事情があげられるとする。ひとつは、柳自身が東洋人であることで東洋文化になじんでいること、ふたつめは、東洋思想は仏教において最も深く熟していること、そして、三つめは、その仏教のうちでも、浄土門念仏宗において他力信仰がきわまることである。

これを、柳の関連著作に照らして補足すると、西欧とりわけ近代西欧が自我、個我を重視し、自他を区別する、物事を分別する傾向の強い文化であるのに対し、東洋では、自我滅却、自他一体を志向する文化が、とりわけ仏教において発達した、その最も徹底したのが浄土門他力信仰であるということである。こうした考え方の道筋にしたがって柳の民芸理念は最終的に位置づけられるのであり、それによって、柳に先行する〈民芸的〉文化理念との差も際立ってくる。

『工芸美論の先駆者に就いて』において、柳は、ラスキンやモリスらの運動の先駆的な意義は評価しながら、結局、それらは工芸を実用から切り離し、芸術に昇華してしまうことにより堕落してしまったと批判したが、それは、つまるところ、区別、分別する近代西欧文化の限界であり、それに対して、柳たちの民芸運動は、「無有好醜」あるいは「不二一元」の語に集約されるような、区別、分別を排する東洋的文化伝統に立脚することでこうした限界を超えようとするのである。一方、日本においても、利休たち茶人は、せっかく雑器の美を発見しえたにもかかわらず、やがて、同様に、茶を日常から切り離された純粋に美的なものに洗練させることによって頽廃させてしまった、と柳は批判する（『工芸美論の先駆者に就いて』『「茶」の病』等）。これは、茶が権力や富に迎合して一般庶民の日常的な暮らしから遊離してしまったことから生じた弊だが、民芸は、浄土門における妙好人のありかたを範とすることによって、こうした弊を免れ、本来の境地に立ち返ろうとするのである。また、この茶への批判、それに対する民芸の理念のありかたは、天心の『東洋の理想』『茶の本』の思想に対しても同様にいえるだろう。天心が説いた「不二一元」等の理念は確かに柳の民芸思想の根本に通じるものだが、柳から見れば、天心は、結局、思想家、芸術家、天才のレベルにおいて、抽象的、観念的に理念を説くにとどまったのであり、それに対して、民芸は、あくまで、一般庶民の具体的な暮らしにおいて実践されていかねばならないのである。

こうした意味で、柳の民芸理念の「民」は、やはり、柳田民俗学の「民」の範疇に入るといえる。だが、柳田の「民」には、神話、昔話、語り物等、種々の文化要素はあっても、それが美の観点から評価吟味されることは少なかった。柳田がこれらの民衆文化を扱う場合には、もっぱら、そこにあらわれた現実認識、世界認識のありかたを問題にするのであって、美というような要素はほぼ無視されたといってよい。それは芸能の問題を重視した折口信夫の場合でも基本的に変わらない。民俗学から美学は排除されるのである。これに対し、柳の民芸理念の独創は、民俗を、まさに、正面から美の問題としてとらえたことにある。『大無量寿経』の第十八願ではなく、第四願をとったことにもあらわれているが、柳において、すべては、美に収斂するのである。柳は、本質的に美の思想家だった。

柳が創始した民芸運動は、いまも活動を続けている日本民芸館を軸として、着実に継承されている。その特色は、学問的調査研究と並行して、実践(創作工芸)、啓蒙(民芸文化意義の普及)が大きな比重で推し進められていることである。柳の思想は、戦後、社会学者鶴見俊輔によって、従来のアカデミックな学問、芸術の範疇から切り捨てられていた民衆文化、芸術の意味を明らかにしたと評価され(『限界芸術論』)、あるいは、柳の直弟子である美術史家水尾比呂志から日本美思想の根源を掘り出したと顕彰され、というように徐々に声価を高めてきたが、ちょうど、柳田民俗学の意義が、一九七〇年代以降、近代的文化の行き詰まり、それに対する近代以前文化の再検討、再評価という時流に応じて急速に見直され、今日にいたっているのと同様、今後ますます注目されていくだろう。柳は、白樺派という大正教養主義を代表するグループの一員として活動を始め、当時、その中では、むしろ異端的、マイナーな存在だったが、今日の時点では、逆に、最も豊かな未来性を帯びた思想家に変貌したといってよい。その「民」の思想、「美」の思想、そして、「信」の思想の三つの思想が合体して展開される思想の運動は広大な可能性を秘めている。(『近代日本思想大系24』筑摩書房)

III　日本哲学の創造

　近代日本における哲学は、「哲学」という用語そのものがphilosophy（philosophia）にあてられた訳語であることに示されるように、まず、西欧の哲学諸流派を輸入理解することをもっぱらとして、それ以上、日本独自の哲学思想を創出するまでにいたらない時期が、ほぼ、明治三〇年代いっぱいあたりまでつづいた。この間、たとえば、浄土真宗大谷派の出身で、東大でフェノロサに学び、特にヘーゲルの観念論的弁証法を身につけたうえで、これを仏教に応用し、独自の宗教哲学を構築しようとした清沢満之《きよざわまんし》のような先駆者もいたが、十分な展開達成までにはいたらなかった。だが、やがて、日露戦争を経て、明治四〇年代に入り、近代化の成熟が急速に加速し、これに応じて、たとえば、夏目漱石が「自己本位」「内発的開化」というような語によって説いたように、単なる西欧文化の鵜呑《うの》みではなく、それを十分消化したうえで日本に即した文化のありかたを模索しようとする気運が高まるにつれて、哲学においても、日本に固有の文化哲学を創造しようとする動きが本格的に始まった。

その最初の成果として大きな注目を浴びたのが、当時京都大学に着任したばかりの西田幾《き》多《た》郎《ろう》が発表した『善の研究』だった。この著作は、単なる哲学専門書というにとどまらず、この頃急速に増加し始めた知識階級層全般にまで教養書として読まれ、これ以来、哲学、とりわけ、これからとりあげるような日本文化論にかかわる哲学や、倫理、道徳、人生論にかかわる哲学は、文学における漱石や芥川、白樺派などと並んで、いわゆる大正教養主義文化の一翼をなすことになった。西田を筆頭に、田辺元《たなべはじめ》、和辻哲郎、九鬼周造《くきしゅうぞう》、三木清《みききよし》ら、それぞれ個性的かつ幅広い識見に富む哲学者が輩出したが、その多くが、西田以来の伝統で京都大学哲学科にかかわることになったことから、京都学派とよばれたこの集団は、昭和前期にいたるまで大きな影響をおよぼした。その中から、ここでは、とりわけ個性的な日本文化論を展開した三人をとりあげることとする。

西田幾多郎『善の研究』ほか

明治三年（一八七〇）、石川県の庄屋の家系に生まれた西田は、金沢の第四高等学校で初め数学を、ついで哲学を志した。同級に、終生の親友であり、西田と二人三脚をなすように、海外において日本思想の普及につとめた鈴木大拙《だいせつ》（貞太郎《ていたろう》）がいる。明治二四年、上京して東京帝大哲学科選科に入り、カント倫理学などを学ぶとともに、鎌倉建長寺、円覚寺などで参禅を始めた。卒業後、金沢に戻り、母校四高で教鞭をとりながら西欧哲学研究をつづける一方、一層禅への傾倒を深め、やがて、この両者を総合するような立場を模索し始めた。三〇年代いっぱいつづけられたこの考究は徐々に収斂《しゅうれん》していって、ついに「純粋経験」という西田哲学の基本概念に結実、これを核として世界観全般にわたる体系を構築展開した最初の著書『善の研究』が、京都大学に転任した翌年の明治四四年に刊行されて、西田思想は広く世に出た。

『善の研究』以後、西田は、基本的には、この著書で構想された思想をさまざまに展開すべく論考を進めていったといえるが、それを整理すると、いくつかの特徴的な方向性にまとめられる。まず、「純粋経験」と密接に関連する直観の働きのありようを西田は種々の面から検討し、直観が即自的なものであるのに対して、そこから一歩離れ、客観的にふりかえって眺める反省の作用を対置し、さらに両者を統一するものとして自覚ということを提示する。また、直観を単なる静的な意識作用としてではなく、動的な行為と一体的なものとしてとらえる。ついで、西欧哲学が重視してきた主体というものに対して、その主体が置かれ、活動する場、文章構造に置きかえるなら、主語に対する述語の方を重視し、主体なり主語なりは場もしくは述語に包摂されて存在する、その場、述語の極限態として無というものがある、それも西欧でふつう考えられる有に対する無というような相対的無ではなく、そうした相対的有無のレベルを超え、有をも無をも包含する絶対無というものこそが世界の根底をなすと説いた。そして、この絶対無においては、自他あるいは主体と客体というものが、相互に個でありながら一である、多でありながら一である、矛盾しながら同一であるという「矛盾的自己同一」ないし「絶対矛盾的自己同一」という最晩年の思想に達する。これらの論考、思想は、いずれも、『善の研究』で萌芽的にあらわれた着想を発展させたものだが、その根底には、禅の体験が一貫して反映されており、そのことは、西田哲学のふたつの特質にかかわることになる。ひとつは、西欧的論理とは異質な東洋的思惟というものの可能性を探っていこうとしたということであり、もうひとつは、哲学の究極として宗教的な世界を見ていたということである。このふたつの特質によって、西田の哲学思想は、際立って独創的なものとなる。

こうして西田は倦《う》むことなく自己の思考をたどりつづけ、ほとんど、それ以外の世間的な事柄には没交渉の生活を終始送ったが、例外的に、晩年近く、昭和一〇年代に入ると、周囲の社会情勢に呼応するような論をいくつか発表するようになった。この場合も、あくまで、自分の論理の応用としてではあったが、それまでのように純学理的、抽象的にではなく、当時文化界全体に蔓延《まんえん》しつつあった日本主義に協調するように書かれたこれらの論は、結果として、知識人の戦争協力の最たるもののひとつとして戦後厳しく批判されることになった。その当否は別として、時代、社会と西田のかかわりを考えるうえで重い意味をもつ問題といえる。しかし、西田自身は、戦後まで生きのびることはなく、昭和二〇年、『善の研究』以来の思想探求の総決算ともいうべき論文『場所的論理と宗教的世界観』を書き上げた後、終戦直前の六月七日、晩年期をすごした鎌倉において没した。享年七六歳。

西田の思想は、『善の研究』から出発して、いくつかの柱に沿い、深く、体系的に展開されていった。その中から、ここでは、『善の研究』において「純粋経験」を中心に構想された基本理念、ついでその後の展開の集成となる述語論理ないし場の論理、「矛盾的自己同一」理念、絶対無の思想、そして、これらを応用した日本文化論の三段階を、特に、日本文化の特性にかかわる面に焦点を絞って見ていく。

『善の研究』

『善の研究』は、第一篇「純粋経験」、第二篇「実在」、第三篇「善」、第四篇「宗教」の四篇からなるが、このうち、第二篇と第三篇は、明治三八年から三九年にかけて四高で行われた講義案であり、これにつづいて四一年に第一篇、四二年に第四篇が雑誌に発表され、全体をまとめて四四年、単行本として刊行された。内容的には、西田の序文に従えば、第一篇では、根本思想である「純粋経験」を、第二篇では、それに基づいた世界観を、第三篇では、やはり「純粋経験」の応用としての倫理思想を、そして、しめくくりとして第四篇では、哲学的探求の帰結として宗教の問題を説いたものとされる。同じ序文で、西田は、これらの論を構想した基本動機として、「純粋経験」を唯一の実在としてすべてを説明してみたいという考えから始まったと述べ、また、総題として「善の研究」としたのは、特に後半部において、人生の問題が哲学的探求の中心であり、終結であると考えるようになったからだと明かしている。

純粋経験

では、「純粋経験」とは、一体、どういうものなのか。冒頭、西田は次のように定義する。

経験するというのは事実そのままに知るの意である。まったく自己の細工を棄《す》てて、事実に従うて知るのである。純粋というのは、普通に経験といっているものもその実は何らかの思想を交えているから、毫《ごう》も思慮分別を加えない、真に経験そのままの状態をいうのである。たとえば、色を見、音を聞く刹那《せつな》、いまだこれが外物の作用であるとか、我がこれを感じているとかいうような考えのないのみならず、この色、この音は何であるという判断すら加わらない前をいうのである。それで純粋経験は直接経験と同一である。自己の意識状態を直下に経験したとき、いまだ主《しゅ》もなく客もない、知識とその対象とがまったく合一している。これが経験の最醇なるものである。

西田幾多郎

つまり、ここで言う「純粋経験」とは、理性による認識、判断等の抽象的操作一切を排除した意識状態を指す。こうした意識のありかたについての関心は、実は、同時代、すなわち、一九世紀末から二〇世紀初めの西欧においても、著しく高まっていた。それ以前のカント、ヘーゲルに代表される近代的哲学における理性的存在としての人間という発想が行き詰まり、それを打開しようとして、理性的レベル以前の意識のありかたを模索する動きが、アメリカのウィリアム・ジェームズ（「意識の流れ」）、ドイツのフッサール（現象学）、フランスのベルグソン（「純粋持続」）らによって盛んに試みられたのであり、西田は、こうしたいわば現代的、二〇世紀的人間観探求の試みに共鳴して、『善の研究』にも、しばしば引用し、また、独立して論じてもいる。この点で、西田の「純粋経験」は、同時代西欧思潮と並行連動した思想として構想されているといえる。

だが、その一方、この「純粋経験」は、禅の体験に裏打ちされたものであり、それによって、きわめてなまなましい肉体的な経験として活写され、また、単に意識のレベルにとどまらず、人間存在全体、さらには、世界全体のありようにまで一貫する原理として提示されることになる。西田は、くりかえし、純粋な経験あるいは認識というものは、知的、抽象的なものではなく、分析や論理を飛び越えて一気に全体を把握する直観的なものであり、さらには、官能的といってもよいほど五感全身をゆるがすものであることを、たとえば、「あたかもわれわれが美妙なる音楽に心を奪われ、物我相忘れ、天地ただ嚠喨《りゆうりよう》たる一楽声のみなるがごとく、この刹那《せつな》いわゆる真実在が現前している」というように説く。そして、そこでは、主体と客体の別もなく（主客未分、主客合一）、万物は一であると同時に多、多であると同時に一、世界は無限に多様でありながら、その多様性の究極において一である（不二一元）という。こうした発想は、いずれも、日本ないし東洋の伝統的思想を受け継ぐものであり、岡倉天心や柳宗悦の思想にも共通するものだが、西田は、それを禅の体験を通じて体得したうえで、西欧同時代の思潮に通じる、あるいは、それを包含するものとして提示するのである。

さらに、西田は、存在なり生というものは、本質的に動的なものであり、その内に対立、葛藤、矛盾をはらんでいることを強調する。

活きたものはみな無限の対立を含んでいる、すなわち無限の変化を生ずる能力をもったものである。精神を活物というのは始終無限の対立を存し、停止するところがないゆえである。もしこれが一状態に固定してさらに他の対立に移るあたわざるときは死物である。

この場合も、ヘーゲルの弁証法等の発想と並行するとともに、それ以上に深く、色即是空、空即是色というような仏教的世界観、あるいは、禅における公案《こうあん》等に典型的に見られるような、矛盾対立こそ存在の本来的ありかたであるとする日本的ないし東洋的思想伝統を受け継ぐものなのである。

そして、こうした思想展開のいたり着くところ、「純粋経験」はその究極において宗教的境地に転じることになる。分析、論理等の知的操作を排し、矛盾のただなかに全存在、全世界を投じていく過程は、もはや哲学というような範疇《はんちゅう》にはおさまらず、人知を超えた宗教の次元に行き着かざるをえない。「純粋経験」を徹底していき、我と世界の区別なく、無限の矛盾がすなわち無限の統一となって、すべてが渾然《こんぜん》たる一となった時、それこそは神（究極の善といってもよい）にほかならないと結論する。西田にとって、神とは、我なり、現実なりの外にある超越的存在ではなく、我なり、現実なりがきわまった極限態なのである。

宇宙にはただ一つの実在のみ存在するのである。しかしてこの唯一実在はかつていったように、一方においては無限の対立衝突であるとともに、一方においては無限の統一である、一言にていえば独立自全なる無限の活動である。この無限なる活動の根本をばわれわれはこれを神と名づけるのである。神とは決してこの実在の外に超越せるものではない、実在の根柢《こんてい》が直ちに神である、主観客観の区別を没し、精神と自然とを合一したものが神である。

こうした神のありかたの具体例として、西田は、ベーメやエックハルトなどの神秘主義をあげ、また、スピノザやゲーテなどを介して説明するが、西田自身にとって、こうした神体験の最も生々しいものが禅にあることは容易に想像されるだろう。「純粋経験」から始まって、その帰結である神にいたるまで、一貫して、『善の研究』における西田の思想は禅体験に立脚して展開されるのである。

『善の研究』以降、そこで提起された問題をさまざまな形で西田は探求していったが、なかでも、それが最も日本文化特性を帯びた思想として結実したのが、場所的論理と述語的論理である。これは、大正一五年（一九二六）に発表された『場所』あたりから始まって、昭和二〇年（一九四五）、死の年に、最後の論文として発表された『場所的論理と宗教的世界観』にいたるまでとりあげられた主題だが、この考察を通じて、西田は、アリストテレス以来の西欧哲学の基本的思考枠組みを一八〇度逆転させる発想を日本語の特質と関連させながら打ち立てることになる。

西田によれば、アリストテレス以来の西欧的思惟《しい》は、主体を基点とし、主体がすべてを統《とう》括《かつ》するということを基本として展開されてきた。自我と世界の関係で、それを主導するのは自我であるという自我中心主義あるいは人間中心主義というものである。ところが、これに対して、西田は、主体は、それが置かれている場（場所）あっての主体であり、その場（場所）に包含され、その一部として機能する存在にほかならないとする。そして、アリストテレス的思惟が主体をそれ自体として追求する方向に進むのとは逆に、この主体をあらしめている場（場所）のありようを追求する方向に向かう。場所的論理の形成である。

ところで、こうした対照を、西田は、また、文章構造のレベルに置きかえて、主語と述語からなる構文のうち、アリストテレス的思惟が主語を中心とするのに対し、述語に重点を置いて考えようとする。たとえば「この机は樫《かし》でできている」という陳述《ちんじゅつ》で、真にその要となるのは「樫でできている」という述語部分であり、それこそがこの陳述全体を統括する真の主語であると説く。そして、この述語のありかたを、その根底にいたるまで追求していくことによって、この世界の根源的な相が明らかになると主張する。場所的論理と対をなす述語的論理とよばれるものだが、こうした述語的論理には、日本語において、主語より述語に比重が置かれ、主語はしばしば述語に作用、支配され（たとえば「私」「僕」「俺」というように一人称が状況に応じて変動する）、場合によっては、単なる形式上の存在（仮主語）か、なくてもすまされるという特質が反映している。さらには、こうした日本語の特質は、物事が決定され、進んでいくのは、特定の主体によるというより、その場の状況全体の動きによるという日本社会、文化の暗黙の特質を反映しているのである。

絶対無、絶対矛盾的自己同一

こうして、西田は、場（場所）なり述語なりのありようを追求していった、その究極において無というものに到達する。すべての存在、活動を容れる無窮の場（場所）であり、あらゆる主語を包みこむ無限の述語である無というものである。ただし、この無は、西欧的な意味での無、有に対する無という相対的な無ではなく、そうした相対的有無全体を呑みこみ、無化する絶対無というべきものであり、この絶対無こそが世界の根源にほかならないのである。「純粋経験」という自我意識の探求から始まった西田哲学は、この絶対無という世界の根源相にいたってほぼ完成されるといってよい。自我主体、客体をはじめ、あらゆる事象は、たえず、矛盾対立統一を果てしなくくりかえしながら生起していく、その無限無窮の営みのありようを西田は「矛盾的自己同一」あるいは「絶対矛盾的自己同一」と名付け、その総体を容れる場（場所）として絶対無あるいは絶対無の場所というものを提示し、最終的世界観としたのである。遺作となった『場所的論理と宗教的世界観』において、西田は、次のように、自己と世界の関係についての結論を述べる。

述語的場所の矛盾的自己同一的中心として、我々は我々の自己というものを考えるのである。反省とは、場所が自己の中に自己を映すことにほかならない。我々の意識作用というのは、皆かくのごとき立場から考えられるのである。

「純粋体験」の場合同様、明示されてはいないが、ここにも深く、禅を通じた仏教的自我観、世界観が反映されていることは見てとれるだろう。

『日本文化の問題』

昭和一〇年代、日本社会は、急速に軍国主義化、全体主義化を強め、文化界もそれに巻き込まれていった。その代表的な例が、文壇における日本浪曼派であり、論壇における京都学派だった。このうち、後者の京都学派の中では、三木清のように、抵抗的な姿勢をとったことから当局に検挙され、獄死するにいたるような場合もあったが、西田、和辻、九鬼のような場合は、それぞれの日本文化観を援用する形で結局時局に迎合することになったといえる。戦後、京都学派の功罪が問われるようになった時、最も問題とされた点だが、西田では、昭和一三年に発表された『日本文化の問題』にその姿勢が端的にうかがわれるだろう。

この論では、皇室の意義と大東亜共栄圏の意義というふたつの時局的主題が、種々の西田哲学枠組みを土台として論議される。そのうち、まず、皇室については、日本が、時々に移り変わっていく政権主体と、その背後で一貫持続する皇室という二重権力（権威）構造を保ってきたことに注目して、それが、現実の表層にあらわれ出る相対的、可変的、複数的な個体を、現実の基層に潜む絶対的、不変的、一なる全体が包含するという場所的論理、述語的論理に根拠づけられたものであることを説き、両者が合体して矛盾的自己同一が達成されるとする。徳川幕府が瓦解《がかい》して天皇親政に復帰した明治維新は、まさに、この表層の個体の対立葛藤から基層の全体に回帰してふたたび新たになる矛盾的自己同一の過程にほかならない。

そして、そこで、この基層たる皇室は無であることを本質とする。それは、すべての対立葛藤、また、すべての論理、分析を呑みこみ、無化する矛盾的自己同一の極であり、それによって、日本文化の根本特質を反映したものとなるのである。

一方、大東亜共栄圏については、これまで日本が島国に孤立して種としての純粋性を貫いてきたのが、初めてその外に進出し、他の民族、文化と出会い、複合することによって総合性、世界性を獲得する段階であり、やはりこれも矛盾的自己同一の実現であると位置づけたうえで、西田は、他民族との交渉、複合のありかたとして、「主体として他の主体に対することでなく、世界として他の主体を包むことでなければならない」と強調する。主体（個）として他の主体（個）に対するというのは、西欧列強による帝国主義競争、争闘のように、自他がそれぞれ自己主張して相手を攻撃、否定しようとするありかたであり、その結果、第一次大戦のような破壊、破局を免れえないが、世界（全体）として他の主体（個）を包むというのは、それとは違って、世界（全体）が大いなる無に徹して他を受け入れる（「身心脱落身心と云ふ如き柔軟心的文化を発揚することでなければならない」）ことであり、それによって、一切の否定、対立、争闘は無化され、すべてが調和的な平和に帰一する、それこそが日本の伝統的精神にかなったものだというのである。これまた、主語的論理に対する述語的論理を応用した発想であり、皇室についての議論と軌を一にするといえる。

こうして、西田は、愚直なまでに、その「矛盾的自己同一」の論理、述語的論理を援用して時代的要請に応えようとしたわけだが、その結果として、このように擁護した絶対天皇制、大東亜共栄圏が敗戦により無残なまでに破綻《はたん》した後、その思想的責任を問われることになるのである。

西田哲学の残したもの

戦後、西田の思想は、一貫して、近代日本が生み出した最も独創的な哲学と位置づけられ、論じられてきたが、その評価のありようは、時代、立場に応じてさまざまだった。

昭和二二年、最初の全集が刊行された際には、発売数日前から書店をとり囲んで待つ熱心な読者の列ができ、大きな話題となったが、西田を仰ぐべき真理の師、教養、人生観の礎として神格化し、心酔するような風潮は、生前からひきつづいて没後も世間一般から知識人層まで根強くつづいた。学界においては、京都学派の系統、西田門下を中心に、『善の研究』から『場所的論理と宗教的世界観』にいたる西田思想を独自の哲学体系とみなす評価が進んだ。西田以前、いわゆる哲学は、西欧から移入された種々の論理を受け売りするにとどまり、一方、それに対応すべき東洋、日本の在来思想は、西欧的論理、体系の枠組みにおさまらないという状況を克服して、禅を軸とする東洋、日本固有の世界観を西欧的論理、体系に対応する普遍的な思想として確立し、カント、ハイデガーなど西欧近現代哲学に比肩する世界的な水準に押し出したというのである。

だが、こうした肯定的評価の一方で、それと真っ向から対立する否定的評価も出てくる。まず、晩年の時局的発言をとらえて、その時代迎合的論理を思想的頽廃とみなす批判があり、やがて、それが、実は、一時的な迷いというようなものではなく、西田思想の根幹に根ざす本質的なものなのだという評価があらわれてくる。「純粋経験」「矛盾的自己同一」等に見られる論理否定、述語的論理に見られる個や主体の軽視こそ、日本人の心性に残存して、日本の真の近代化を阻害し、超国家主義を生み出した要因であり、あらためて徹底的に克服されねばならないものだという評価である。西欧的、近代的枠組みを規範とする進歩派知識人層においてこうした評価は強く、西田思想は反動思想批判の格好の標的とさえされた。

これら対照的な評価を経て、さらに、近年では、現代思想、ポストモダン思想の立場から西田を再評価する気運も活発に兆してきた。西欧的、近代的論理、個や主体という枠組みが限界に達したとして、それを超える新たな論理、枠組みを模索しようとする道筋に西田哲学が導き手として再登場してきたのである。一九六〇年代以降の西欧に興った構造主義、ポスト構造主義、脱構築等の新しい思想的試みに並行照応するものとして西田の種々の発想は注目、検討されるようになってきた。

このように多岐にわたる評価の変遷は、いずれにせよ、西田思想が強い喚起力をはらみ、日本文化哲学のひとつの基準として問われるべき内容のものでありつづけていることを示しているだろう。（『日本の名著47』中央公論新社ほか）

和辻哲郎『風土』

和辻哲郎は、明治二二年（一八八九）、兵庫の医者の家に生まれた。西田よりは一回り以上年下の次世代にあたる。明治三九年上京して一高に入学、同四二年には東京帝大哲学科に進み、本格的に哲学を学び始めたが、並行して、文学、芸術にも旺盛な関心を抱き、谷崎潤一郎、小山内薫《おさないかおる》などと交流した。当時は、パンの会など青年層を中心に世紀末思潮、芸術が激しく沸き立った時期だったが、若き和辻も強くその感化を受けた。明治四五年ショーペンハウアーをとりあげた卒業論文を書き上げて大学を出ると、翌大正二年には『ニイチェ研究』、同四年には『ゼエレン・キエルケゴオル』を刊行した。いずれも世紀末的デカダンス、ニヒリズムに深くかかわる思想に取り組んだものだが、和辻の基本姿勢は、こうしたデカダンス、ニヒリズムに自身の問題として正面から向かいあったうえで、それを克服していくことをめざしたものだった。この頃、一高時代から私淑していた夏目漱石と知り合い、その人格陶冶《とうや》、求道《ぐどう》的姿勢に傾倒したことも大きな出来事だった。同時期、同世代で、同様に漱石を畏敬し、感化をうけた芥川龍之介、阿部次郎、あるいは、その周辺にいた白樺派の武者小路実篤、柳宗悦、有島武郎などとともに、その後の大正理想主義、教養主義思潮を形成していくことになる転機といえる。

大正八年、『古寺巡礼』が刊行された。大和の寺々を巡り歩いた印象記だが、これは、その後のいわゆる古寺巡りの先駆けとして文筆家和辻哲郎を広く一般世間に知らしめる機縁となった。同時に、和辻自身にとっては、これを機に、日本文化への関心が開けることになり、その原点となる上代日本人の文化と心性を探求評価する『日本古代文化』が翌年に発表され、以後、『日本精神史研究』『日本倫理思想史』『鎖国』等、和辻の仕事の中心領域をなす一連の日本文化論が書き継がれることになる。

大正一四年、西田らによって京都帝大に招かれ、ついで、昭和二年から三年にかけてドイツへ留学した。この初めての外国体験が『風土』の構想を生むことになる。昭和九年、東京帝大に移り、同年、『人間の学としての倫理学』を刊行した。これは、人間を他者、社会、世界とのかかわり(「間柄」)において存在するものとみなす人間観を基本として人倫《じんりん》のありかたを論じるものであり、ここから発展して、主著『倫理学』三巻が生まれる。

戦後、東大を定年退職(昭和二四年)してからも旺盛な執筆をつづけ、昭和三五年、七一歳で病没した。

西田哲学が、カント、ヘーゲル等の観念論哲学を踏み台として「純粋経験」あるいは「矛盾的自己同一」というようなやはり観念的性格の強い、いわゆる純粋哲学を展開したのに対し、和辻の思想は、哲学的人間学ともいうべき方向に展開された。初期のニーチェやキルケゴールへの関心にすでに見られるように、より具体的、実存的な生のありかたを問うことから始まって、そうした生のありかたが集積結晶した芸術や歴史、民族性等へと関心が広がっていき、哲学者としての主領域とした倫理学においても、人間を、その個としての内部に掘り下げるより、外部との具体的なかかわりにおいてとらえようとするのである。こうした特質は、哲学と並行して文学、芸術等に熱中し、人間性全般に豊かな関心を注いだ和辻の個人的資質によると同時に、世代的、時代的なものでもあったろう。和辻が青春をおくった明治四〇年代から大正期は、世紀末思潮から大正教養主義へと、思想と文化がさまざまに交流、融合した時代だった。そして、哲学の領域においても、この二〇世紀初頭には、フッサールの現象学、ハイデガーの実存哲学など、具体的な人間の生のありかたを問うスタイルのものが主流となってきていた。そうした状況に照応して和辻の思想は生成発展していったともいえるだろう。そして、このような人間の生のありかたを広く、総合的に世界とのかかわりにおいてとらえようとする和辻の特質が最も端的にあらわれたのが『風土』なのである。

多様な風土の発見

『風土』は、和辻にとっての初めての外国体験から生まれた。昭和二年二月日本を出発した和辻は、一ヵ月余りの船旅を経て、ヨーロッパに到着したが、その間、行く先々の土地の風土文物の変化に大きな関心を示した。そして、いよいよ目的地であるヨーロッパの地に初めて接した時の印象を次のように『風土』の中に記している。第二章「三つの類型」の〈三牧場〉で、日本にはほとんど見られない緑豊かな牧草地こそがヨーロッパの風土の基本特質であることを述べたうえで、

和辻哲郎

　自分にこのような考察の緒を与えた人は京都帝国大学農学部の大槻教授である。自分たちがモンスーン地方から沙漠地方を経て地中海に入り、古《いにしえ》のクレータの南方海上を過ぎて初めてイタリア南端の陸地を瞥見《べっけん》し得るに至った朝、まず我々を捕えたものはヨーロッパの「緑」であった。それはインドでもエジプトでも見ることのできなかった特殊な色調の緑である。ころはちょうど「シチ

リアの春」も終わりに近づいた三月の末で、ふくふくと伸びた麦や牧草が実に美しかった。が、最も自分を驚かせたのは、古のマグナ・グレキアに続く山々の中腹、灰白の岩の点々と突き出ているあたりに、平地と同じように緑の草の生い育っていることであった。羊は岩山の上でも岩間の牧草を食うことができる。このような山の感じは自分には全然新しいものであった。この時に大槻教授は、「ヨーロッパには雑草がない」という驚くべき事実を教えてくれたのである。それは自分にはほとんど啓示に近いものであった。自分はそこからヨーロッパ的風土の特性をつかみ始めたのである。

『古寺巡礼』に見られるように、和辻は、書斎にこもって思索にふけるというばかりでなく、積極的に外に出て行って、さまざまな場に身を置き、その場と自分との相互交渉から思考を導きだす型の思想家だったが、そうした特質がここには端的にあらわれている。日本を出て、日本とは異質な風土に身を置くという体験そのものが『風土』の出発点となっているのである。「このような山の感じ」とは漠としたものだが、それは、それだけ、種々微妙な感覚を含んだ全人的な体験であることを示しているのであり、そうした体験を積み重ね、総合して『風土』の思想体系は生まれてくる。

また、和辻は、その倫理学の構想に集成されるように、自己というものを、それを取り巻く他者なり環境なりとの間柄――関係においてとらえようとする発想を基本としていたが、『風土』においては、それが、二重の意味で具体化されている。つまり、人間ないし人間文化を、それを取り巻く自然環境とのかかわりにおいてとらえようとしていると同時に、日本を、それを取り巻く世界とのかかわりにおいてとらえようとしているのである。

こうして『風土』は、和辻にとって、まさに彼の思想の真骨頂を示すとともに、後述するように、日本文化論の系譜においてもきわめてユニークな領域を切り開く著作となる。成立経過としては、昭和三年、外遊から帰国して間もなく、京大において始められた講義草案を下敷きとして同四年から雑誌『思想』などに各章が発表され、これをまとめて一〇年に単行本として刊行された。内容的には、第一章「風土の基礎理論」で、考察の方法論的基礎を述べ、ついで第二章「三つの類型」で風土類型の三基本パターンを概説し、第三章「モンスーン的風土の特殊形態」で、特に日本の風土特質を論じる。以下、第四章「芸術の風土的性格」では、西欧と日本の風土差が芸術にどう反映しているかを述べ、第五章「風土学の歴史的考察」では、ヘルデル（ヘルダー）、ヘーゲル等、西欧、主としてドイツ哲学における風土論の展開を論じてまとめとする。

風土的存在としての人間

『風土』は、まず、和辻の風土概念の提示から始まる。本論に先立つ序言において、和辻は、この風土概念が、ドイツにおいて留学生活を始めて間もなく読んだハイデガーの『有と時間』(『存在と時間』)に対する違和感から生まれたと述べている。人間を時間的存在としてとらえるハイデガーの構想に和辻は関心をもったが、同時に、時間と並行して空間をも人間存在の根本契機として組み込む必要を感じたというのである。和辻によれば、ハイデガーが人間を時間性の面からのみとらえたのは、もっぱら個人として人間を見ていたからにほかならない。個人としての人間は、死によってその生存を打ち切られる一回的、有限な存在であり、時間によって規定されているといえる。しかし、人間は、個人であると同時に、他の人間と共同して社会を構成する存在でもあり、その共同的な関係において、個人としての一回性、有限性は共同体の全体性、無限性に組み込まれていく。それこそが人間存在の空間性ということであり、具体的には歴史性ないし風土性としてあらわれる。この場合の歴史とは、人間が他の人間と種々の社会的関係を結んで織り成していく共同体の生成発展の経過であり、風土とは、その歴史をとり囲み、歴史と相互に働きかけあう種々の自然条件であるといえるが、両者は密接にからみあい、一体化して、それぞれ、「風土的歴史」あるいは「歴史的風土」と呼ぶべきものである。人間は、この「風土的歴史」ないし「歴史的風土」のうちに位置づけられ、さらされて自己形成し、自己認識する存在なのだ。

こうした発想の根底にあるのは、『風土』と同時期に構想が進行し、やがて和辻の主要業績となる倫理学の基本概念である。人間を個としてではなく、他人との関係（「間柄」）においてとらえようとする「人間（人と人の間）の学としての倫理学」の概念であるが、それが、先に引用したような旅行中のさまざまな風土の印象に刺激を受けて『風土』の考察に進んでいったといえるのである。初めて日本を出て、異質の風土に出会った印象は、和辻にとって衝撃的なものだった。それは、とても、傍観者的に、客観的特徴を述べてすまされるようなものではない。たとえば、アラビアの草ひとつ生えない、荒々しい岩山に接して、和辻は「物すごい、陰惨な山である。そうしてこの物すごさ陰惨さは本来的に言えば物理的自然の性質ではなくして人間の存在の仕方にほかならぬ。人間は自然とのかかわりにおいて存在し、自然においておのれを見る」と言い、青々とした山の風土に生きる〈青山的人間〉は、そこに、「明白に他者を見いだす。単に物理的なる岩山をではなくして、非青山的人間を。従って非青山的なる人と世界とのかかわりを」とまで言い切る。自然はすでに人なのであり、人は自然の一部であって、かつ、その自然のありようは実にさまざまであり、それに応じて、人のありようもさまざまとなると実感、感得するのである。そして、そこから発展して、種々の風土の型というものがあり、それは、すなわち、その風土の中の人間の型となるという風土理論が生まれてくる。

モンスーン型風土、日本型風土

では、こうした風土型理論の具体的内容はどうなるのか。和辻は、これを、まず、日本からインドあたりまでの東アジア地域のモンスーン型、アラビア、アフリカ地域の砂漠型、ヨーロッパ地域の牧場型の三つの類型に大きく分類する。そして、それぞれの特質を対比的に論じていくわけだが、その論法は、第一に気候特質を根本的要因としてとりあげ、その気候が作用して生じる植生、地質等の特質におよび、さらに、それら自然環境全体がそこに暮らす人々にどのような心性をもたらし、その結果としてどのような文化、社会特質に通じていったかを論じるというもので、そこには、すでに引用してきたように、留学の旅の途次実地に体験した土地土地の印象が考察の出発点として盛り込まれると同時に、それぞれの文明の起源にまでさかのぼるような広い視野を織り込んでいる。

その中で最も力をいれて論じられるのは牧場型ヨーロッパで、特に、ヨーロッパ文明の起源としてギリシャ文化がどのように生まれ、それが、ローマを経てキリスト教ヨーロッパ社会にどのように引き継がれていくかという過程を牧場型気候風土と照応させながらたどっていく。近代日本の知識人である和辻にとって、やはり、ヨーロッパ文明とは何かという問題は最重要の課題のひとつであり、その課題に、ここでは、風土論の枠組みを用いて取り組むのである。

では、日本を含むモンスーン型東アジアはどう位置づけられるのか。和辻は、その根本特質を、夏、インド洋から吹きつける暑く湿った季節風モンスーンに求める。それは、特に湿気という点で耐え難いものだが、しかし、そこに暮らす人間は、この気候に対し、砂漠型風土の場合のような敵愾心《てきがいしん》を抱かない。その理由は、ひとつには、モンスーンのもたらす湿潤が豊かに草木を繁茂させ、自然の恵みを与えるからであり、もうひとつには、モンスーンがひきおこす台風や洪水、干魃《かんばつ》などの脅威はあまりに暴発的で、人間の対抗心を萎《な》えさせてしまうからであって、いずれにせよ、その結果、人々は、この気候に反抗するよりは忍従することになる。この受容性忍従性が、モンスーン型文化の特徴にほかならない。

しかし、この大区分としてのモンスーン型風土の中でも、また、地域に応じていくつかの小区分が見出される。西端にあたるインドと東端にあたる日本とでは、同じモンスーンの支配下にあっても、そのあらわれかたは大きく異なってくる。日本の場合、モンスーンの作用は、夏、太平洋側に台風として降る大雨と、冬、日本海側に降る大雪の二重現象としてあらわれ、それぞれ、熱帯的と寒帯的、作物としては稲と麦という二重性に連動し、さらに、日本人の心性の特徴である二重性、すなわち、激しやすく、移ろいやすいと同時にじっと辛抱し、耐えるという矛盾ともみえる二重性を生み出すというのである。

この日本の風土、日本人の心性に固有の二重性を説く和辻の論理は、十分に整理されたものとはいえず、粗略にすぎて理解に苦しむところも少なくないが、ともかく、和辻が主張しようとする要点は、日本が太平洋側と日本海側というふたつの異なった風土地域からなりたつ国柄であり、その結果として日本人の相矛盾するような二重心性が生まれたということである。なかでも和辻が力点を置くのは、台風の作用であり、この突発的な暴威に対応して、瞬間的に激し、猛烈に戦うが、そのあとは、一転して、あっさりとあきらめ、忍従するという「台風的忍従性」と呼ぶ日本人の特異な心性が生まれたと結論する。

以上のような風土――文化理論枠組みを基礎として、和辻は、それぞれの風土類型に応じた文化のありかたを、社会組織、人間関係、芸術文化等の領域にわたって論じていく。たとえば、芸術への反映という面では、和辻は、西欧の場合、自然風土が人間に従順で管理されやすいことに比例して芸術も整然と秩序だった合理的な性格が強く、芸術家のコントロールが行き届いていると、ゲーテの例などを引いて説いたうえで、対照的に、日本では、自然風土が人間のコントロールを超えた存在であり、人間はひたすらその自然にぴたりと身を寄せて生きていくという関係を反映して、芸術も自然を知的に分析解明しようとするようなことはなく、人知を超えたその偶然性、不規則性などを、ただ造化の妙として受け入れ、身を委ねていくのだと芭蕉などを例にあげて述べる。

社会組織、人間関係の面では、日本の場合、特に強調されるのが「しめ（湿）やか」ということである。モンスーンのもたらす湿潤が「しめやかさ」として日本の暮らしの隅々にまでゆきわたっているというのである。日本人の人間関係は、恋愛にせよ、友情にせよ、そして、とりわけ、親子兄弟等の家族において、しめやかな、すなわち、きめこまやかで、すきまなくゆきわたった情愛によって結ばれていることが本質的な特徴であり、このしめやかな関係によって、いわば一心同体的に結合した人間集団単位、とりわけ、家族というものが、日本社会を動かしていく原動力となる。それは、個人を単位とし、その種々さまざまな個人が、互いに距離を隔てつつ、なんらかの抽象的理念のもとに集まって社会を構成するという西欧型人間関係とは対照的なものであり、日本では、このしめやかな家族的人間関係が基本となって、それが拡大延長される形で種々のレベルでの共同体が形成され、最終的には、皇室を宗家とする一大家族としての日本国家にまでいたる。その内部すなわち「うち」においては、独立した個などというものは存在せず、成員はことごとくひとつの全体性のネットワークに組み込まれる。

こうした日本社会論、特に、その後半の論理は、ほぼ国家主義、全体主義の論理そのものといえ、この時期急速に兆し始めていた時代思潮と歩調を同じくしているが、和辻自身においては、これは風土の論理の展開にほかならず、やがて、それが理論的に集大成されて『倫理学』にいたることになるのである。

風土論的日本論の系譜

『風土』は、発表当時から注目を集め、和辻の日本文化論の代表作とみなされることになった。世界の風土環境を大きく三つのパターンに分類し、さらに、そのパターン内における諸民族風土それぞれの特異性を構造的に分析して、そこから、その民族の心性、行動様式、社会原理、文化特質などを総合的、全体的に考察し、位置づけるという雄大な視野に基づいて、そのすべての行程を、自分自身の体験、観察、考察から組み立てていくといういかにも和辻らしい個性的な手法は、その結果として、観察に皮相、歪《ゆが》み、欠落があったり、考察が主観的、独善的であったりして多くの批判をよんだりもしたが、そうした欠陥を含め、独自の、生きた、鮮明な日本のヴィジョンを立ち上げたことは間違いない。

このように風土自然環境の面から日本の特性を論じたものとしては、すでにとりあげた志賀重昂の『日本風景論』のような先駆があるが、志賀の論では、もっぱら地形、地質、気候、植生など自然要素の諸特性が列挙されるのに対し、和辻は、そのうちの気候に重点を置いたうえで、それを、民族心性、社会、文化などの考察に発展させていくことに重点を置くわけである。こうした発想が、人間を、その具体的な生の相において、人間をとり囲む種々の条件とのかかわりにおいてとらえようとする当時の生の哲学、哲学的人間学に示唆を受けて構想されたものであることは初めに述べたが、今日の時点からふりかえってみるなら、それは、やがて、戦後になって、梅棹忠夫の『文明の生態史観』（昭和四二年）等を経て、一九八〇年代あたりから顕著になるエコロジー的文明観を先取りしたものと位置づけることができるだろう。すなわち、文明をもっぱら人間の産物、営みとしてのみとらえる近代人間中心主義的な文明観を超えて、文明を人間と自然風土との相関関係、共生関係のあらわれとしてみる脱近代、脱人間中心主義的文明観の方向にむかって開かれた発想であり、その中に日本の像を描きだすのである。

この点において、『風土』は、一部に、当時の時代思潮に組み込まれるような国家主義的、全体主義的な主張を含み、また、細部の論理が混乱したり、記述が不正確であったりするという欠陥をもちながらも、全体としては、西田哲学の場合と同様、今日において再評価されるべき意味をもっているといえよう。たとえば、近年、こうした人文地理学的、環境論的分野で活発な活動を続けているトゥアン（『トポフィリア――人間と環境』）やベルク（『風土の日本』）などの論に対応するものがあるだろう。（『風土――人間学的考察』岩波書店）

九鬼周造『「いき」の構造』

九鬼周造は、明治二一年（一八八八）、東京に生まれた。父隆一は、文部省の高級官僚で、駐米特命全権公使、帝室博物館総長などの要職を歴任した。周造懐妊当時、母はつ（波津、初）は、全権公使をつとめる夫隆一とともにワシントン在だったが、在外生活に疲労を訴え、これを気遣った隆一は、たまたま欧米美術事情視察の帰途ワシントンに寄った岡倉天心（覚三）にはつを託して一緒に帰国させることにした。隆一は、当時文部省内で伝統美術派の立場から東京美術学校設立など種々の事業を進めていた天心の最大の理解者、庇護者であり、天心の方も隆一の腹心として活動するという密接な関係にあったからである。

だが、このアメリカから日本までの船旅の間に、周造の運命を決するような事態がおこることになる。天心とはつが道ならぬ恋におちたのである。当時、天心はすでに妻子があり、はつは懐妊中、しかも、天心にとって上司であり、恩人である人物の夫人であるというのっぴきならない状況での恋だったが、これが、その後も長く尾を引いて、天心、はつ、さらには、周造、隆一四人の人生に大きく作用することになるのである。

周造が生まれ、やがて、物心つく頃には、隆一とはつの仲はしだいに悪化、その頃からはつと天心は密会を重ねるようになり、ついには、ふたりとも、それぞれの家を出ることになって、世間の目にもつくようになった。明治二八、九年の頃だが、当時子供だった周造は天心を「おじさま」と呼んで親しみ、天心も周造を可愛がったという。だが、こうした関係がやがてスキャンダルとなり、天心は東京美術学校を非職、下野して日本美術院を興すことになり、一方、はつは、隆一の命で、子供からも引き離されて遠くにやられ、離縁され、最後は、精神に異常をきたしたとして病院に入れられ長い幽閉生活を送った後、孤独のまま昭和六年に没した。

こうして、周造と天心は、宿命的ともいえる関係にあり、周造は深く天心の影響を受けることになる。幼時には天心を実の父ではないかと疑ったことさえあったというが、長じてからも、折にふれて天心とすれ違い、天心を意識する機会があり、とりわけ、ヨーロッパ留学中には、『東洋の理想』や『茶の本』を熟読、感激したという。その跡は、後述するように、『「いき」の構造』に屈折した形で深くあらわれている。『「いき」の構造』は、ある意味で、精神上の父である天心への返書であり、また、その「父」との恋に破れた母への頌歌《しょうか》、鎮魂歌でもあるのである。

東京帝大で哲学を学んだ（和辻と同級）九鬼は、大正一〇年、ヨーロッパ留学の途につき、まず、ドイツに、同一三年からはパリに移って、その後は、一時ドイツに戻ったこともあったが、昭和三年まで長くパリ生活を続け、これを楽しんだ。この間、専門の哲学では、ハイデガー、フッサール、ベルグソンなど、最先端の思想に関心を抱き（当時まだ若くて無名だったサルトルを家庭教師として雇っていたともいわれる）、和辻同様、具体的な生の諸相の分析を進めて、特に日本的、東洋的文化特質の解明を試みた。『「いき」の構造』の原型となる論もこの間に書かれている。一方、私生活においては、夫人縫子を帯同しながら、高級娼婦とおぼしき女性たちと公然と遊び回り、『巴里《パリ》小曲』『巴里心景』などに、短歌や詩などとしてこんな風に詠っている。

ひと夜寝て女役者の肌にふれ巴里の秋の薔薇《ばら》の香を嗅《か》ぐ

こうした放蕩《ほうとう》について九鬼は「ドン・ジュアンの血の幾しづく身のうちに流るることを恥かしとせず」というように開き直ってはばからなかった。世間道徳などに拘束されることなく官能の快楽を追求するこの姿勢は世紀末デカダンスの流れを汲むとともに、生の哲学の実験であるともいえるが、なにより、九鬼の中に流れる血そのもののなせるわざであり、やがて、粋の美学に理論集成されていくことになる。

ちなみに、同じ『巴里小曲』には、「灰いろの抽象の世に住まんには濃きに過ぎたる煩悩の色」、「範疇にとらへがたかる己が身を我となげきて経つる幾とせ」、「現実のかをりのゆゑに直観の哲学を善しと云ふは誰が子ぞ」、「『悪の華』と『実践理性批判』とがせせら笑へり肩をならべて」などの歌がならんで、哲学に対する九鬼の揺れ動く心があらわれている。

昭和四年、帰国した九鬼はまもなく京都帝大に招かれ、翌五年には『「いき」の構造』、一〇年には主著『偶然性の問題』等の著作を発表した。この時期、九鬼の学問的関心は、『偶然性の問題』に集約されるように、人間の生のうつろいやすい本質、諸相の解明に注がれ、純哲学的考察と並行して、日本文化論、詩論、芸術論など多面的な展開をみせた。そして、生活面では、依然として、花街に足繁く出入りするなど、まさに粋人ぶりを発揮していたようであるが、昭和一六年、夫人と離婚した後暮らしを共にしていた祇園の芸妓にみとられて五三歳で病没した。

九鬼周造

『「いき」の構造』の成立と位置

九鬼は、近代日本の哲学者中では異端の存在だった。その遊蕩的な生活ぶりもそうだが、本業である哲学のスタイルそのものが、一般的なアカデミズムの枠を超えた独自な性格のものであり、その頂点となるのが『「いき」の構造』

にほかならない。「いき」（通常は「粋」と漢字で表記されることが多いが、九鬼は、関西風の「粋（スイ）」と区別し、また、「いき」の語源である「意気」の意味をも含ませるため、ひらがな書きにしたと思われる）というような町人――庶民の暮らしの文化を正面からとりあげ分析する。それも、観念的な分析に並行して、俳句、俗謡、戯作などの例をふんだんに盛り込んで論じていくというスタイルであるが、それによって、九鬼は、まさに、生の哲学そのもの、すなわち生活から遊離した抽象的観念の操作ではなく、生活実感をそのまますくい上げ、その精髄をとり出したような哲学を実現したのであり、比類のない一領域を確立した。

『「いき」の構造』が構想、執筆されたのは、ほぼ、パリ滞在中のことだったが、それは、この著作の性格に大きく作用している。九鬼は、ヨーロッパ留学にあたってまずドイツに赴き、新カント学派のリッケルトについて正統的なドイツ哲学を学んだが、その観念論的なスタイルになじまず、じきにフランスに移動して、そこで、具体的な生の様相を柔軟な発想で読み解いていくベルグソンの哲学などに親しみ、共感して、自らのスタイルにとりこんだのである。また、そうした学問的方法論ばかりでなく、フランス人とりわけパリ人の暮らしの美学ともいうべきものに深い感化を受けた。官能性を肯定、享受し、それを洗練されたスタイルに磨き上げ、ひとつの文化としたありかたに九鬼はまさに自分の本来の資質、さらには、こうした自分の血が因って来たるところの「いき」という伝統日本美学に並行照応するものを見出したのである。この出会いの経験から『「いき」の構造』は生み出された。この意味で、この著作は本質的に比較文化的な視点に立ったものであり、それは、「いき」の特性を分析するについて相当するフランス語を頻繁に引きあいに出し、対比していることによくあらわれている。

一方、決して表にはあらわれてこないが、『「いき」の構造』を書きつつあった九鬼の心の奥には、母はつと天心への深い思いが流れていたと思われる。

はつは元来京都の花柳界に出ていたところを九鬼隆一が見初めて妻とした女性だといわれ、しとやかな物腰のうちにどこか華やかなものを感じさせる佳人だったともいう。その血が自分に流れていることを周造は深く自覚し、その意味を確認することによって、寄る辺なく異郷に生きる自分の証《あか》しとすると同時に、この血ゆえに悲惨な境遇に落ちた母の面影を高貴な文化として復権し、讃え、鎮魂しようとするのである。

これに対し、天心に対する思いはどうだったか。先に触れたように、九鬼はパリ在留中、『東洋の理想』や『茶の本』を熟読したというが、『「いき」の構造』には、この読書体験が逆説的な形で反映しているだろう。天心の日本文化観は、室町期の禅を根底とする精神的な文化を最高の達成として評価する反面、それにつづく江戸文化に対しては、形式に拘束されて精神性を失い、とりわけ浮世絵などの町人文化は感覚性、娯楽性に堕していると否定的な評価をくだしている。ところが、『「いき」の構造』で九鬼が日本文化の粋として明らかにしようとしたのは、まさに、この江戸町人文化の美意識そのものなのである。

この対照の因って来たる遠因のひとつは、両者の美学的バックグラウンドの差にあるだろう。天心は、元来、恩師フェノロサを通じて、ヘーゲルの美学、いかにも一九世紀ドイツ観念論の見本のような精神性重視の美学から出発したのに対し、一世代下の九鬼は、そうした前世紀の発想を重苦しく、硬直したものとして退け、潑剌《はつらつ》とした具体的な生の感覚を重視する新世紀の美学、ドイツよりはフランスの美学をとったのである。

だが、そのさらに奥には、母はつを捨て、はつの体現していた江戸町人文化的なものを否定した〈父〉天心に対する意地——意地は、後述するように、「いき」の不可欠の要素である——が働いていたのではないか。圧倒的な〈父〉の感化を受けながら、最後の一点で〈母〉の側につき、〈母〉の擁護、顕彰に献身する〈子〉のドラマが垣間見える。

こうして『「いき」の構造』は、パリでの奔放無頼の私生活、母、天心をめぐる葛藤など、切れば血の噴き出すような九鬼の人生を担保として書かれた作品であるが、その記述は、あくまで厳密に概念分析を積み重ねて進められ、全体として、見事に、ひとつの文化様式の構造を浮き彫りにするものとなっている。

「いき」の諸相

『「いき」の構造』は、全体で文庫版一〇〇ページ弱というほどの分量だが、その構成は、序説につづいて「いき」の内包的構造、外延的構造、自然的表現、芸術的表現と項目を分けて論じていき、最後に結論でしめくくるという整然とした形をとっている。

このうち、まず、「一 序説」では、「いき」というものがどのような民族的特殊性を帯びた文化理念であるかということを、その用語を、内容的に相当する外国語とりわけフランス語の用語と対比することによって検討する。chic（上品）、coquet（媚態《びたい》）、raffiné（洗練）等の語とつきあわせて、それらいずれの場合も、それぞれ「いき」と重なりあいながら、いくつかの要素がずれていることを指摘し、結局、西欧美学の範疇からははみだした日本民族独自の理念であることを強調する。

ついで「二 『いき』の内包的構造」の項に入り、この独自の理念たる「いき」というものの内容分析を行うことになるが、そこで、九鬼は、異性への媚態、意気地、諦《あきら》めの三つの要素をあげる。

そもそも「いき」とは、異性との関係、それも、結婚というような固定されたものではなく、異性を惹きつけ、わが物としようとして、しかも、それが達せられるかどうか未定であるという緊張感をはらんだ関係に発するものであり、そうした緊張した異性関係の三側面として上にあげた三要素が生じてくるという。

まず、媚態とは相手を惹きつけようとする技巧であるが、それは手練手管を尽くして限りなく相手を引き寄せはしても、最後、完全に相手を屈服させ、手に入れてしまってはならない。そうなれば、一気に緊張した未定性が失われて、索漠たる空しさに堕してしまうからである。九鬼は、「アキレウスと亀」のたとえをもちだして説明するが、無限に相手に追いかけさせて、しかも、つかまることのない遊戯性こそが媚態の要諦《ようてい》なのである。

ついで、意気地（意地）とは、こうした互いに相手を惹きつけ、わが物にしようと張り合う関係において、決して、相手に屈することを許さない心構えであり、それが生活態度全般に敷衍《ふえん》されて、貧しくとも人の世話にはならない、命を捨てても筋は通すというような気骨にまで拡大されていったという。九鬼は、その背景に、「武士は食わねど高楊枝」というような武士の矜持《きょうじ》——理想主義を見てとる。

そして、諦めとは、どれほど相手に惚れ込んでも、いよいよとなれば、その未練執着をさっぱり断ち切り、恬淡《てんたん》として己を保つ心がけであり、それは、元来、仏教的諦観、無常観から来たものであるという。

これら三要素は、相互に密接に関連して、いわば、「垢抜《あかぬけ》して（諦）、張《はり》のある（意気地）、色っぽさ（媚態）」と定義できるような「いき」な男女関係のありかたを構成しているが、それは、つまるところ、他人との関係に縛られないという意味で、自由と可能性というものを至上価値とする理念なのだという。

以上が、九鬼の掲げる「いき」の本質であるが、要するに、それは、純愛、無償の愛、永遠の愛というような近代ロマン主義的愛の理想とは全面的に背馳《はいち》する、色街の花魁《おいらん》と客、西欧ならばドン・ファンやカルメンのような、男女関係を駆け引き、競い合い、遊びとみなす美学の理論化にほかならない。こうした美学を、九鬼は、世紀末デカダンスを経たパリの社交界において実地に体験するとともに、その洗練された先駆を江戸花柳文化のうちに見出すのであり、かつ、その理論的裏づけとして、一方では自由と可能性あるいは実存というような二〇世紀的哲学理念、他方では、武士道的矜持あるいは仏教的諦念というような伝統日本精神を援用するのである。

「二『いき』の内包的構造」が「いき」そのものの分析であるのに対し、それに続く「三『いき』の外延的構造」は、「いき」周辺のいくつかの語をとりあげて、それらとの対比によって「いき」の特徴、位置を明らかにしようとする。主に論じられるのは、上品—下品、派手—地味、甘み—渋み、および、「いき」の反対概念である野暮だが、そのうち、たとえば、上品—下品との対比でいえば、「いき」と上品は高雅、洗練、趣味の良さというような特性では共通するが、上品がただそうした特性にとどまるのに対して、「いき」は、そこに、異

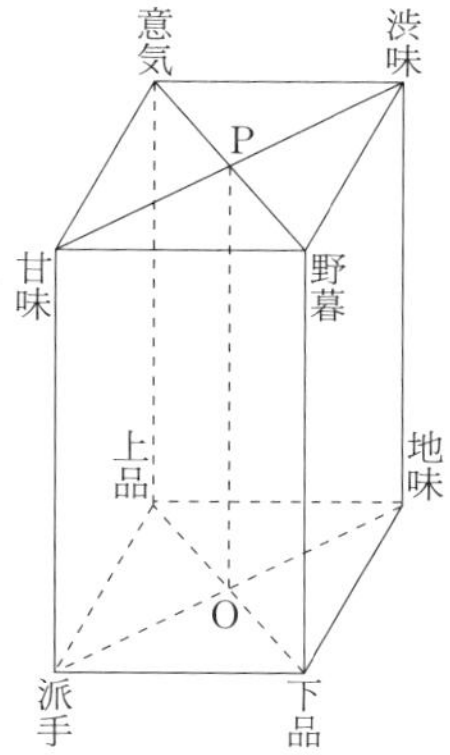

性に対する媚態が加わるという点が異なっているのであり、その媚態が過度に進むと、むしろ下品に近づくという関係になる。派手―地味、甘み―渋みとの対比もほぼ同様であり、一口でいえば、「いき」は、これら対をなす概念の境界にあって、異性への媚態という本性によってそれぞれの概念に批評的に働きかけるものと位置づけられているといえる。

こうした対比を九鬼は精緻な分析によって進めていき、それを整理して、有名な六面体図形にまとめ、さらに、これに、「さび」「雅」「味」「乙」「きざ」「いろっぽさ」また chic、raffiné 等をも位置づけられるとする。

「四『いき』の自然的表現」、「五『いき』の芸術的表現」は、これまで検討してきた「いき」という意識のありかたが、目に見える（あるいは耳に聞こえる等々）ものとして外にあらわれる例をとりあげる。

まず、自然的表現としては、身体のありよう、その仕草を、要素ごとに細かく分析していく。全身容姿としては、ほっそりとして柳腰、これを軽く崩した姿勢、それに薄物をまとわせ、あるいは、湯上がり姿とさせる、顔は細おもて、目と口と頬《ほお》に微妙な弛緩《しかん》と緊張でアクセントをつけ、化粧は薄化粧、目の表情で主要なのは流し目で、この均衡を破るような目の動きによって異性への媚態を示すわけだが、しかし、単なる色目とは違って、その瞳は「かろらか（かろやか）な諦めと凛乎《りんこ》とした張りとを無言のうちに有力に語っていなければならぬ」というような具合である。髪形としては、銀杏髷《いちょうまげ》など略式のものか、潰《つぶ》し島田など崩したもの、着物の着付けは、わずかに首筋を見せる抜き衣紋《えもん》、左褄《ひだりづま》をとってちらりと足を垣間見せ、足袋ははかずに素足がよく、手の指は軽くそらせたり曲げたりして見せる。こうした特徴を、九鬼は、浮世絵、人情本を引き、江戸遊女、芸者を見本としてあげていく。そして、こうした「いき」な身体性のありようを日本独自のものとして際立たせるために、しばしば、対比的に、西洋の過剰に肉体を露出したり、強調したりするスタイルを「いき」とはほど遠い野暮として蔑視する。

ついで芸術的表現では、模様、建築、音楽の三領域にわたって「いき」の美学が具体的にどうあらわれているか検討する。その基礎となるのは、己と異性の間に、つかず離れずの緊張した関係を持続しようとする意識を反映した二元性の原理であり、この二元性を最も端的に具現している例として縞《しま》模様があげられる。「永遠に動きつつ永遠に交わらざる平行線は、二元性の最も純粋なる視覚的客観化である」という平行線を重ねた模様だからであり、事実、遊女、粋人に最も好まれた柄だとして、その様態がつぶさに分析される。これ以外の模様については、縞から離れ、複雑化すればするほど「いき」から離れていく、たとえば、曲線模様、絵模様などとなればなるほど「いき」の要諦であるすっきりとした二元性を欠くことになる。付随して、色については、鼠色、褐色、青色の三系統が「いき」な色としてあげられるが、これらは、いずれも、華やかな原色に飽きて、色の無化ともいえる黒にむかって褪《さ》めていこうとする境界的な色であり、「温色の興奮を味わい尽した魂が補色残像として冷色のうちに沈静を汲むのである」。

さらに、建築については茶室―数寄屋造りの材料のとりあわせなどの工夫が、音楽については長唄《ながうた》、清元《きよもと》、歌沢《うたざわ》など江戸音曲の微妙に崩した音階とリズムが、それぞれ、二元性、均衡の破調という原理に即して「いき」な美と分析される。

終章となる「六　結論」では、これまでの考察をしめくくって、「いき」というものが、本来、どこまで分析し、定義しようとしてもしきれるものではない感覚体験であり、概念化は、いわば、その枠組みを確定する以上のものではない、しかし、その限界を認めたうえで、なお、可能なかぎり言表化を窮めることが学問の責務であることを説き、ついで、「いき」の民族的特殊性に触れて、ボードレールの言うダンディズムのように、多くの点で「いき」と重なり合う発想が西洋にあったとしても、最終的にはどこかで食い違うところがあり、結局、「いき」は、やはり、日本民族独自の、日本民族の存在の根にかかわる美意識であると再度強調して論考を閉じる。

『「いき」の構造』の独自性

『「いき」の構造』は、さまざまな意味で逆説的な構造からなりたった作品である。「いき」というきわめて感性的なものをとらえようとして概念的、構造的な分析を行っていること、均衡の微妙なずらし、破りこそ「いき」の要諦であると強調しながら整然と体系的な理論構成をはかっていること、パリ（西洋）の感性、風俗の感化を強く受けて構想執筆されながらかたくなにそれを排除否定し、「いき」の特殊日本民族性を強調することなどであるが、そこに、九鬼の引き裂かれた精神状況がうかがわれる。

九鬼は、その生活態度といい、『巴里心景』や『巴里小曲』などの短歌や詩といい、また、『「いき」の構造』におびただしく引かれる江戸戯作などといい、本来の資質としては、永井荷風などに非常に似たタイプの文人、粋人だったといえる。そうした資質をかかえながら同時に哲学者、理論家であるという二重性をそっくり主題とし、方法としたのが『「いき」の構造』にほかならない。「結論」で自身認めているように、本質的に論理、概念ではとらえきれない感性体験を、それでも論理化、概念化しようとする執念は、つまるところ、二重の自己そのものの確認への情熱なのである。

だが、同時に、この二重性は、単なる個人的問題ではなく、この時代の哲学そのものの問題でもあった。初めに述べたように、生の哲学、現象学、実存哲学、哲学的人間学など、二〇世紀初頭以来の哲学は、さまざまに、感性的なもの、具体的なものを論理化、概念化しようと試みていたのであり、『「いき」の構造』は、まさに、その際立った成果のひとつだった。

こうして『「いき」の構造』は、同時代西欧哲学の問題意識と方法論を取りこんで構想されたものであり、主題となる「いき」というもの自体も普遍的な美意識たりうるものとして構造化される。また、理論を裏打ちする実体験においても、パリ女との交渉が大きく作用していたことは容易に想像される。にもかかわらず、強引なまでに、九鬼は、「いき」を、西欧的感性にはない日本民族特有のものと囲いこもうとする。それは、やはり、異郷にあって己の出自を確認しようとする必死の試みであろうか。先達の荷風がそうであったように、西欧に魅せられれば魅せられるほど、それに照応するものを自国の文化伝統のうちに求め、そこに自己を同化し、その独自性を主張しようとしたのかもしれない。

ともあれ、九鬼が「いき」を論理化、概念化しようとして、見事にそれに成功したということは、「いき」というものが、特殊民族的な範疇を超えて普遍的なものでありうることを証しだしているといえる。今日『「いき」の構造』が再評価されるのは、そうした普遍的可能性の面に注目して、たとえば、その均衡の微妙なずらし、破りという原理が、近代的均衡統一原理を覆すバロック的もしくはポストモダン的原理を示唆すると読み取るような評価によってである。あるいは、「いき」の内包的すなわち意識内構造と外延的すなわち外部身体的表現の微妙な相関関係を重視する九鬼の分析を今日の心身論的分析の先駆として評価するような例である。

ちなみに、九鬼は、同様の手法を用いた「風流に関する一考察」（昭和一二年）、「情緒の系図」（昭和一三年）の二論文を発表している。これらによって九鬼はさらなる日本文化論の体系化をはかろうとしたともいえる。

だが、そうした体系化の原点となったのは、林芙美子《ふみこ》、成瀬《なるせ》無極《むきょく》と三人で小唄のレコードを聴いたときのことを回想したエッセイ『小唄のレコード』の次のような有名な述懐だった。

私は端唄《はうた》や小唄を聞くと全人格を根柢《こんてい》から震撼《しんかん》するとでもいうような迫力を感じることが多い。

私は端唄や小唄を聴いていると、自分に属して価値あるように思われていたあれだのこれだのを悉く《ことごと》失ってもいささかも惜しくないという気持になる。ただ情感の世界にだけ住みたいという気持になる。

「どうせこの世は水の流れか空ゆく雲か……」

（『「いき」の構造』岩波文庫）

IV 文人たちの美学

日本の近代文学は、他の文化同様、西欧近代の発想の影響を強く受け、それを軸に発展していったが、その一方、これと共存、融合する形で、土着伝統的な要素をもさまざまに残存させてきた。ゾラによって提唱されたフランス自然主義文学理念が移入されて近代小説の確立に大きな作用をおよぼしながら、やがて、それが定着していく過程で、私小説から心境小説へと変容していき、本来のフランス自然主義とは大きく隔たった、むしろ、『枕草子』や『徒然草』などの随筆文学の系譜に連なるようなものとなっていった例などがその典型である。

こうした土着伝統的要素は、作家自身も明確には意識しない感性的なレベルであらわれる場合が多く、抽出理論化されることは少ないが、なかには、創作と並行して、その土台となる伝統日本的世界観、美意識を純化した形でとりだし、論じた作家もいる。こうした作家による伝統日本文化論は、当然、前章であつかった哲学者たちの論のように分析的、論理的なものとは異質の、随筆的であったり、散文詩的であったりというように独自のスタイルのものとなるが、そこには、まさに、物事万般を洒脱《しゃだつ》自在に観じ、論じる東洋的文人の伝統が生きているといえる。

こうした文人日本論の先達としては、明治期の幸田露伴《こうだろはん》、大正期の永井荷風などをあげることができるが、ここでは、昭和期、その戦前と戦後をそれぞれ代表する文人日本論として谷崎潤一郎と川端康成のものをとりあげる。ふたりは、いずれも、近代日本文学を代表する大作家であり、ともに、出発時には、西欧近代小説の影響を受けながら、やがて、それをこなして独自の作風を生み出していく過程で、自身の感性の根底をなす日本的なものを自覚し、それを創作に組み込むとともに、文化論としても考察展開した。この創作とのかかわりも視野に入れながら、彼らの日本文化論を味読してみたい。

谷崎潤一郎『陰翳礼讃《いんえいらいさん》』

谷崎潤一郎は明治一九年（一八八六）、東京下町の商家に生まれた。家業が傾いて苦学したが、一高、東京帝大国文学科に進み、この頃から、当時急速に高まりつつあった反自然主義文学運動、世紀末デカダンス思潮の感化を受けて創作活動を始め、明治四三年に短篇『刺青《しせい》』を発表、その官能頽廃《たいはい》をきわめた内容、絢爛《けんらん》たる文体によって一躍新世代の寵児《ちょうじ》となった。

大正期に入ると、さらにこうした作風を発展させ、倒錯性、怪異性、エログロ性などを強調した実験的な作品を次々に書き続けた。この頃、谷崎は、アメリカ映画など海外の新しい風俗、文化に関心をもって、いわば、当代きってのモダンボーイとして鳴らした。

だが、大正一二年（一九二三）に起こった関東大震災をきっかけとして、谷崎は大きく変容し始める。震災後の混乱を避けて関西に移住した谷崎は、そこで、脈々と受け継がれてきた上方伝統文化に触れ、それまでの彼がなじんできた江戸下町文化あるいは西欧モダン文化とは異質なこの文化の奥行きの深さに開眼していくのである。大正一三年から一四年に書かれた中期の代表作『痴人の愛』は、東京を舞台に、モダンガールの魔性に翻弄されるモダンボーイを描いてそれまでの谷崎を総決算するような作品だが、その後昭和三年から四年にかけて発表された『蓼喰《たでく》ふ虫』になると、こうしたモダン趣味から伝統趣味への転換が主題となる。それまでもっぱら近代的な生活スタイルを奉じてきた中年ブルジョワ主人公が、妻との離婚問題がもちあがって義父と交渉するうち、徐々にその趣味に感化され、文楽など伝統芸能の妙味、その背景をなす近代以前の生活文化の陰翳、さらには、そうした昔の世界の面影をそっくり今に伝えるような義父の妾の古めかしい人となりに惹きつけられていく経過を関西を舞台に描いたこの作品によって、谷崎は、芸術、生活、女性などすべてにわたる美学の転換、宗旨変えを告白するのである。

その後、谷崎は、この新たな美学によって、『吉野葛《よしのくず》』（昭和六年）、『蘆刈《あしかり》』（同七年）、『春琴抄《しゅんきんしょう》』（同八年）といった古典趣味的物語を次々と書き連ねていくとともに、その理論宣言として『陰翳礼讃』を発表する（同八年）。そして、昭和一〇年代に入ると、『源氏物語』の現代語訳にとりかかり、ついで、大作『細雪《ささめゆき》』（同一八―二三年）を戦中から戦後にかけて書き継ぎ、さらに『少将滋幹《しげもと》の母』（同二四―二五年）へと、いっそう古典趣味の世界を深めていった。

しかし、最晩年、谷崎は、ふたたび、作風を大きく変える。七〇歳を超えた昭和三一年まず『鍵』を、ついで三六年から三七年にかけて『瘋癲《ふうてん》老人日記』を発表して、現代における老人の倒錯的性生活、性心理の問題を赤裸々に描き出し、大きな社会的論議をまきおこした。そして、その後も旺盛な執筆活動を続け、昭和四〇年、悠然と没した。享年七九歳。

暮らしの実感、随筆的議論

『陰翳礼讃』は、二千字前後の断章を十数篇、全体で文庫本五〇ページにも満たないほどのエッセイで、特に目立った構成もなく、いかにも思いつくまま、気楽に座談をくりひろげていくといった趣きの読み物である。谷崎が日頃身辺で経験している日本人の暮らしの特徴をさまざまな角度から論じていって、つまるところ、その要諦が陰翳というものにあると焦点を絞っていくわけだが、話は、まず、近頃、家を建てた時の苦労から始まる。

伝統的日本家屋の味わいを生かしたいと思うのだが、一方では、実用の便を考えて外来の近代的諸設備を取り入れざるをえない、ところが、このふたつがなかなか調和しない、なかでも、とりわけ難しかったのが便所であるという。谷崎には、『陰翳礼讃』と同時期に『厠《かわや》のいろいろ』という独立したエッセイがあり、やはり、あれこれ、笑い話のようなものまでふくめて、便所について、文字通り「うんちく」を傾けているが、『陰翳礼讃』では、その要所が紹介される。関西の寺院の昔風の便所で用をたすと、実に精神が休まる。そうした便所は、静かな植え込みの陰に設けられて、薄暗く、しゃがむと、あたりの緑の様子、しとしとと降る雨の音、虫の音、鳥の声などに、しみじみと風雅の気分を味わうことができる。本来からいえば不浄の場所が風流な、詩的な場所に変じられてしまっているのであり、ここに日本人独特の工夫がある。西洋で、便所がただ不浄物を処理するという実用的用途からのみ考えられているのとは大違いである。ところが、一般家庭の便所となると、伝統的風雅の工夫は理想であっても、実際面からいうと、やはり、衛生上、西洋式タイル貼り、水洗という味気ないものになってしまう。それになんとか伝統日本式の雅致を加味したいが、どうもうまくいかない。

そこから、谷崎は、文明と科学の相性という問題に移って、そもそも、こうした苦労が生じてくるのは、もともと西洋文明から生まれ、西洋文明の質に合致するように発達してきた科学技術の産物を、西洋とは異質な日本（東洋）文明にもちこんだからであって、もし、日本（東洋）文明自体から科学技術が生まれてきたなら、当然、それは、西洋型とは肌合いを異にするものとなり、違和感も生じなかっただろうと論じる。

家造りの苦労話、それも、特に、便所のスタイルというきわめて身近な話から始まったのが、一転して、壮大な比較文明論に飛躍するこの論法は、論理としてはずいぶん乱暴だが、谷崎本人は、そんなことは一向気にかける様子もなく、ごく自然な、当たり前の話として悠々と語りつづけ、それにつられるように読む側も納得してしまう。暮らしの実感に即して（『枕草子』的）、実感のうながすままに考察を発展させていく（『徒然草』的）随筆風議論といえるが、『陰翳礼讃』は、こうした論法で終始展開されていく。

　さて、以上のような前置きを経て、いよいよ本論に入り、日本（東洋）文化の基本特質である陰翳というものが語られていくわけだが、まず、その手近な例として、紙でも食器でも宝石でも、西洋ではまじりけのない、ぴかぴかに輝くようなものがよしとされるのに対して、われわれは、むしろ、一種濁りを帯び、沈んだ翳《かげ》りのあるものを好む、長年の風雨や手垢《てあか》などによってくすんだ肌合いに雅致を感じる、気持ちが休まると述べられる。

　ついで、少し角度を変えて、闇の効果というものが論じられる。京都のある料理屋では、最近まで、電灯を使わず、燭台《しょくだい》を使っていたが、その弱々しい明かりのおかげで、膳や椀などの漆器の肌合いが深々と厚みを帯びたものに感じられた、漆器の黒々とした肌のうえにほどこされた蒔絵《まきえ》の金なども、暗がりにゆらめく灯火を反射してそぞろ怪しい気配を放ち、「夜そのものに蒔絵をしたような綾を織り出す」、そして、そういう闇の中で吸い物椀を手にもつと、まるで「生まれたての赤ん坊のぶよぶよした肉体を支えたような」生温かい温《ぬく》みを感じ、ぼんやりと闇の中に沈んだままのその中身を口にふくもうとする時、「一種の神秘であり、禅味であるとも云えなくはない」味わいをおぼえる、さらには、椀がかすかにジイと鳴っている、遠い虫の音のような音を耳

谷崎潤一郎

にして松風を聴くような三昧境《さんまいきょう》、瞑想《めいそう》の境地に近づく、それもこれも燭台のかすかな明かりによってひきたてられる闇の効果によるというのである。

このあたりの記述は、引用した表現にもうかがわれるように、小説家谷崎の感覚性豊かな描写力を存分にふるって、燭台の灯にぼんやり照らされた部屋にうずくまるようにして吸い物椀を味わう、その五感を総動員した全身的感覚がまざまざと体験されるような迫真の場面となっている。文人文化論の真骨頂といってよいだろう。

この闇の主題は、また後に本格的に論じられるが、ひとまず、話題は日本家屋のありかたに転じて、その第一の特徴として庇《ひさし》の深いことがとりあげられる。谷崎は、これを、元来は雨風を防ぐという実用的目的からきたものであるにせよ、やがて、そうした実用性よりは、むしろ、そこから生まれる美的効果が重視されるようになり、日本人の美意識に大きくかかわるものとなってきたと説く。この深い庇に遮られることによって、日の光はぎらぎらした直射光線から鈍い間接光線に変わり、さらに、障子に濾過《ろか》されて一層弱々しく、しかし、しんみり落ち着いた明かりとなって、それが簡素な室内の地味な砂壁に映ると、そこに、きわめて淡く、微妙な濃淡、陰翳が生まれる。とりわけ床の間にいたって、この陰翳はきわまり、その凹みに朦朧《もうろう》と澱《よど》むようにあらわれる暗がりこそは「東洋の神秘」そのものにほかならない。そして、部屋全体を満たすもやもやとした「夢のような明るさ」の中で現実と非現実の境もあやしくなり、時の経過もおぼつかなくなる。これを、日本人は幽玄と呼んで尊んできたのである。

それから、また、闇の主題が戻ってくる。かつての日本人は金襖《きんぶすま》とか金屏風《びょうぶ》のように金を室内装飾として多用したが、それは、光線の乏しい暗がりにおいて金がわずかな光を照り返し、そこに幻惑的な効果が生まれることを計算してのことだった。白日の下では、ただけばけばしいとしか見えないものが、闇の中において、初めて、その真価を発揮するのである。つまり、金色の魅力とは、それ自体、それ単独ではなく、闇との対比、調和によって生まれるものなのだ。こうした取りあわせによる美は、能における装束と身体についてもいえる。谷崎は能を見にいくたびに、能役者のわずかに垣間見える手や顔の異様なまでの美しさに感嘆するが、それは、ごく当たり前の手や顔が能装束の凝った色合いと照り映え、それが舞台全体を包む闇の中に浮かびあがってくるという演出の結果にほかならない。そして、こういう美しさは、実は、能が生まれた戦国から桃山の頃の武士の暮らしそのものに日常的に見られたはずだった。いうまでもなく、その要諦は闇である。

能が武士の男性美を最高度にひきたてるものだとすれば、女性美の至純なるものを谷崎は文楽に見出す。文楽の女の人形は顔と手の先しかなく、胴や足は着物に包まれた空洞にすぎないが、それこそは、かつての日本の女のありかたそのものだった。白日の下に豊かな肉体美を誇る近代的女性とは反対に、薄暗い室内にひっそりと垂れ込めるように暮らしていた日本の女には、ほとんど、肉体は存在しないも同然だったのであり、ただ、闇の中にほの白く浮かぶ顔と手があれば十分だったのである。さらに、その白さというものも、西洋白色人種の白さとは違う。西洋白色人種の白さは、それ自体が純白であるのに対し、日本人の白さは、どこかくすみというか翳りを帯びていて、それが、闇との取りあわせで初めて妖《あや》しい白さとして際立つのである。

ふたつの女性像

この日本女性論には、『陰翳礼讃』に先立つふたつの小説作品に登場する女性像の反映が見られる。関西移住以前、前期谷崎のモダンガール趣味の集大成といえる『痴人の愛』のナオミと、関西移住後、古典趣味に開眼していく経過を描いた『蓼喰ふ虫』のお久である。ナオミは、アメリカの映画女優にも比すべき、のびのびと豊かな肢体、輝くように白い肌の持ち主で、それを夏の日差しの下、大胆な水着姿で誇示する。奔放で我の強い性格、ハイカラ趣味などとあわせ、まさに、その名前にもうかがわれるように、モダンガールの典型として造形され、主人公譲治はそれに惹きつけられていく。だが、物語後半、この和製モダンガールは思わぬ馬脚をあらわす。一点のしみもない純白の肌と思いこまされていたのは、実は、おしろいを塗り込められていたのであって、その下には、やはり、黄色人種の肌が隠されていたのが露見してしまうのである。こうしてモダンガール幻想の限界が露呈された後、『蓼喰ふ虫』のお久が登場する。主人公要の義父にあたる老人に妾としてつかえるお久は、およそ、今の世の女性とは思われないような控えめな女で、昔趣味の老人の好みのまま、文楽人形のようななりをさせられ、世捨て人めいた侘《わ》び暮らしに甘んじている。そんなお久を、要は、初めしばらくは、昔の遺物でも見るような気持ちで眺めていたが、そのうち、老人の感化で昔趣味の味わいを知っていくにつれ、この物言わぬ人形のような女こそ日本の女そのものなのだと惹きつけられていくことになる。とりわけ、そのほの白い顔が闇の中にぼんやりと浮かびあがる時、それは現実を超えた〈永遠の女人〉ともいうべきものに化する。

谷崎にとって女性は終生の中心主題であり、さまざまなタイプの女性を描きだしたが、その中でも、このナオミとお久ほど対照的な女性像はない。古典趣味への開眼というものが谷崎にどれほど大きな作用をおよぼしたか察せられるが、『陰翳礼讃』においては、こうして到達された古典趣味的女性像というものも、女性像そのものというより、つまるところ、陰翳の一形態として位置づけられる。光と闇が織りなす幻のひとつとして女はあらわれるのである。いわば幽鬼のような存在であり、かつての日本においては、それに沿った巧みな演出が工夫された。歯を黒々と鉄漿《かね》で染め、眉を剃《そ》り、そして、谷崎が最も感嘆する工夫として、玉虫色に光る青い口紅をひくことによって、残された顔と手だけが、闇の中にほの白く浮かぶことになる。ここにいたる時、女は、闇——といっても、単純な暗さではなく、全体に螺鈿《らでん》をちりばめたようにぼうーと発光する微粒子が充満したような、夢のような輝きに満ちた闇そのものの化身にほかならない。昔の人が魑魅魍魎《ちみもうりょう》とよんだのはこういう存在だろう。

こうして〈陰翳礼讃〉のきわまるところ、最後には〈闇礼讃〉を唱えた後、谷崎は、ひるがえって現代日本ではやたらに電気照明を多用して、全く、かつての闇の文化というものが失われてしまった、かくなるうえは、せめて文学芸術において、陰翳の世界をとりもどしてみたいと宣言して、このエッセイを閉じる。

この結びの宣言を、ふたたび、小説作品に照らし合わせてみると、『陰翳礼讃』と全く同時に（昭和八年一二月）刊行された『春琴抄』が浮かびあがってくる。美貌の師匠春琴に仕える佐助は、春琴が何者かに煮え湯を浴びせられてその美貌が台なしにされたことを知ると、自ら己の目を突いて、春琴と同様の盲者となる。つまり、直接的、物質的な光を断った闇の世界に入るのである。ところが、そこに佐助は、「お師匠様の円満微妙な色白の顔が鈍い明りの圏の中に来迎仏の如く浮かんだ」のを見出す。これこそは、まさに究極の陰翳の世界ではないか。現実の日本社会に幻滅した谷崎は、見事に、その宣言通り、文学芸術の世界つまり想像力の世界に陰翳の理想を実現するのである。それは、そのまま、戦後の『少将滋幹の母』の母子夢幻の世界にまでつづいていくことになる。

陰翳の普遍性と民族性

『陰翳礼讃』前半において、谷崎は、日本の陰翳文化の独自性をひきたてるために、しばしば、西洋文化を、なんでも白日の下にむきだしでさらすような文化として強調することが多かった。ところが、結びにいたって、現代日本がこうした陰翳文化を失ってしまったことを嘆く部分では、ヨーロッパから帰ってきた知人の話として、パリなどの方が東京などよりむしろよほど暗い、ランプを灯している家もある、日本はアメリカのまねでこんなにやたらに電気照明を浪費する国となってしまったという観察を行っている。

この後者の観察に照らしていうなら、前者で谷崎が西洋といっていたのはアメリカということになる。大正期、もっぱらアメリカの風俗文化に入れあげていたモダンボーイ谷崎にとって西洋とはすなわちアメリカであり、この大ざっぱな図式を『陰翳礼讃』にももちこんで日本の陰翳文化のひきたて役としたのである。ところが、実は、同じ西洋といっても、ヨーロッパなどは、アメリカとはずいぶん異質で、むしろ陰翳の文化に通じるものをもっている。パリのど真ん中で電灯ではなくランプを灯すのは、あえて、そのほの暗い光をめでるからであり、室内照明として、ほとんど間接照明を用いるのも同じである。あるいは、幾重にも闇を塗り込めたような画面のところどころにほのかに黄金の輝きが浮かびあがってくるようなレンブラントの絵などは、まさに、『陰翳礼讃』で闇の中の蒔絵や能装束の効果として語られていたものと瓜二つではないか。

ということは、陰翳の文化は、必ずしも、日本（東洋）の専有物というわけではなく、より普遍的なものだということになる。

そのうえで、なお、日本的な陰翳の特性というものがあるとすれば、その鍵は、胴体のない文楽人形を例として谷崎が説いたように、陰翳なり闇なりの本体を探っていくと、実は、そこには何もない、ただの空虚であるということにありそうである。ヨーロッパの陰翳なり闇なりが、レンブラントの絵のように、その奥に、底深い実体的なものを秘めていると感じられるのとの違いであり、それを突き詰めていくと、世界の中心としての仏教的無あるいは老荘的虚とキリスト教的な神なり実在なりとの差というようなことにも通じていくかもしれない。『茶の本』で天心が説いた空、虚、相対性等の理念にも、当然、照応するだろう。

一方、また、日本的といっても、この陰翳の文化は、やはり、すぐれて関西の古典趣味的な文化であり、たとえば、もともと谷崎が生まれ育ち、初期の『刺青』などに発揮した江戸下町風「いき」の文化などとは対照的なものである。九鬼周造の『「いき」の構造』と照らしあわせてみれば、それは一目瞭然だろう。「いき」が、たとえば浮世絵の美人画でほつれ毛の一本一本まですっきりと細筆で描きわけていくように、鮮明さの美意識であるのに対し、陰翳は、まさにその対極にある、「いき」が最も嫌うといえる曖昧《あいまい》さ、ぼかしの美学にほかならない。さらに、「いき」が潔癖なまでに自他を峻別《しゅんべつ》し、頑として他に融合されることを拒んで己を貫こうとする倫理性を旨としているのに対し、陰翳は、そうした倫理性、自意識をいともたやすく呑み込み、無化して、己と他者、人間と自然、現実と非現実の区別もつかない無倫理、無意識の世界にひきずりこむ。

こうして、同じ伝統日本文化といいながら、「いき」と陰翳は極端な対照を見せる。この対照の意味が何なのか、谷崎が「いき」から陰翳に転換した意味は何なのか、西洋と日本（東洋）の陰翳の関係同様、大きな問題といえる。

しかし、谷崎自身は、あくまで、自分で体感できる具体的な事柄に固執して、そうした抽象的議論には入らず、もっぱら、日本人の身の回りにたちこめていた、そして、今や急速に失われつつある陰翳なり闇なりの手触り、匂い、味わいを言葉で生け捕りにし、伝えることを第一とするのである。燭台ひとつに照らされたほの暗い料理屋の座敷で、塗りの椀に盛られた吸い物を味わう、その時の触覚、聴覚、味覚を総動員した体験の描写がその見本である。まさに文人日本文化論の真骨頂といえよう。（『陰翳礼讃』中公文庫）

川端康成『美しい日本の私』

川端康成は、明治三二年（一八九九）、大阪に生まれた。幼くして両親、姉に死に別れ、祖父母に育てられたが、その祖父母もやがて亡くなり、家族縁に恵まれない少年時代をおくった。このことは、初期の代表作『伊豆の踊子』の主題となる〈孤児根性〉、中期の代表作『禽獣《きんじゅう》』の主人公の〈人間嫌い〉などに見られるように、川端の作品に深い影を投げかけることになる。

中学校卒業後に上京、一高から東大へと進んだが、在学中から小説を書き始め、大正一三年、横光利一らと雑誌『文芸時代』を創刊、新感覚派文学を興した。第一次大戦後ヨーロッパに興ったモダニズム文学の影響を受けて、感覚性を軸にした革新的、現代的文学表現の開発をめざしたこの運動に川端は積極的にかかわり、『掌の小説』『水晶幻想』などを発表したが、しかし、その新感覚の理論には〈万物一如《いちによ》〉というような仏教的世界観が取りこまれ、西欧前衛と東洋（日本）伝統が微妙に交差、共存するような独自の文学観がすでにあらわれていた。

昭和一〇年（一九三五）、川端は『雪国』としてまとまることになる長篇を雑誌に発表し始めた。これは、最終的な完成が戦後にまで持ち越されるというように曲折を経た作品だが、この作品によって、川端は、明瞭に、東洋（日本）精神伝統を踏まえた文学世界を確立することになる。そして、この自覚は、その後、戦時中に一層深まり、敗戦を経て「私は日本古来の悲しみの中に帰ってゆくばかりである」（『哀愁』）という決定的な意志にまで高まる。こうした意志を具現するように、この時期、川端は、『源氏物語』の物語世界を下地とする『山の音』『千羽鶴』のような古典的傑作を書き継いでいったが、その一方、新感覚派時代の作風を深化させたような『眠れる美女』『片腕』といった前衛的、実験的作品をも発表して驚かせた。

昭和四三年、川端は、日本人として初めてノーベル文学賞を受賞した。西欧から移入した近代的心理小説の枠組みに伝統東洋（日本）精神性を盛り込み、高い達成を実現したことが評価されたわけだが、それに応えて行われた受賞記念講演が『美しい日本の私』である。

しかし、ノーベル賞受賞後は、あれこれと身辺あわただしく、親しくしていた三島由紀夫の自決、都知事選応援などと心労が続いた後、昭和四七年、遺書も残すことなく自殺して七〇年余りの人生を閉じた。

西欧への美的挑戦

これまでとりあげてきた明治以降の日本文化論は、その大半が、多かれ少なかれ、西欧文化を意識し、それに対抗する姿勢をあらわにし、あるいは秘めていたといえるが、『美しい日本の私』では、とりわけ強くそうした意識が前面にあらわれている。日本人初のノーベル文学賞受賞記念講演であるという気負いも当然働いていただろう。一般外国人相手の通訳つき講演、それも、多分に儀礼的な雰囲気での講演という制限された枠の中で、川端は、可能なかぎり広く日本文学、芸術を紹介し、その根底をなす日本人の思想、心性の特質を説こうとするが、そこには、一貫して、日本が西欧とは根本的に異質であり、西欧から孤絶しているといってもよいような特異性を帯びていること、その事実を自分は日本人の宿命として引き受けようとしていることを強調する姿勢が、悲愴なまでの調子であらわれる。これから二六年後、日本人としてふたりめのノーベル文学賞受賞者となった大江健三郎は、同じ場で、こうした川端の姿勢を皮肉り、批判して、この同国人の先達よりは何人かの西欧人の先達に共感し、連帯すると述べることになるが、川端自身には、単に日本人初のノーベル文学賞受賞だからという理由以上に、そこまで強く彼我の落差——優劣ではない——を強調しなければすまない切迫した心情があっただろう。

先に紹介したように、川端は戦中および敗戦の経験を通じて、日本人というものが、どれほど近代化しようとも、結局のところは、そうした近代化以前の、『源氏物語』に集約されるような「あわれ」の世界に深く根ざしているのであり、もしこの「あわれ」の世界が歴史の必然によって近代的世界にとって代わられねばならないなら、日本人は、少なくとも、自分は、この滅びていく世界に殉じるほかないと覚悟し、その覚悟を常に念頭に置いて戦後を生きてきたが、その心情を、敗戦から二〇年余りを経たこの時点で、西欧に対して、公然と告白するのである。

それは川端一個人にとって生涯の頂点となるような運命的瞬間であったばかりでなく、日本文化全体にとっても大きな歴史的事件だった。半世紀以上前、開国からしばらくを経て、新渡戸稲造や岡倉天心が『武士道』や『茶の本』を書いて西欧に日本文化の独自性を説いた時には、これらの著作が英語で執筆され、英米で出版されたことに示されるように、こちらから進んで西欧に理解を求め、独自ではあっても普遍性をもつものとして日本文化を提示しようとしたのであり、そのように西欧から受け入れられた。その後、日本で、日本語で発表された種々の論は、結果的に西欧に紹介されることがあるとしても、基本的には、日本人にむけて、日本内部で理解されることを求

川端康成

めたものだった。それに対し、川端のこの講演の場合は、西欧の側から川端作品の日本的独自性を認めたうえで求められたのに応じて、日本語で、日本文化の普遍性よりは特異性を語るのである。いわば、日本は、西欧に対し、初めて、西欧とは異質な、独立した文化世界として自らを主張、対峙《たいじ》し、それを西欧は認めるのである。

こうした事態がこの時点で出来《しゅったい》した背景には、戦後経済発展による日本の大国化、種々の文化それぞれの固有性を認める文化相対主義の広まり等の事情が働いているだろうが、ともかくも、それは、ひとつの分岐点だった。このあたりから、日本社会は、さまざまなレベルで自国の文化システムの独自性を自覚、自尊し、西欧社会とは異質な構造の社会であることを積極的に肯定するようになる。そして、こうした傾向について、それを一種の鎖国化として警戒する立場からは、たとえば、さきほどの大江のような批判が出てくることになり、他方、ナショナリズムの立場から、さらにそれを推し進めようとする動きも出てくるだろう。川端自身は、本来、そうした社会的、政治的動きとは別の次元の人間だったが、そのノーベル文学賞受賞、受賞記念講演は、そうした動きにまで連動するような歴史的事件だったといえる。

『美しい日本の私』は、まず、道元《どうげん》、明恵《みょうえ》、良寛《りょうかん》という三人の僧の和歌を紹介することから始まる。この講演では、この三人のほかにも、一休、西行と、都合五人もの僧の歌が引用、解釈され、さらに、彼らの生き方、思想が論じられる。日本の文学、芸術において僧――仏教が占める位置はかなりのものだが、川端は、ことさらにそのことを重視する姿勢を示すのである。この講演は、演題に示されるように、美意識を中心とした日本人の文学、芸術のありよう、人生観、世界観のありようを語る内容になっているが、そこでは、一貫して、宗教意識とのかかわりが視野に入れられている。

道元、明恵、良寛三人の歌は、それぞれ、以下のようなものである。

春は花夏ほととぎす秋は月冬雪さえて冷《すず》しかりけり

雲を出でて我にともなふ冬の月風や身にしむ雪や冷めたき

形見とて何か残さん春は花山ほととぎす秋はもみぢ葉

このうち、道元の歌は「本来ノ面目」と題され、明恵の歌には、ある冬の夜山中の堂で座禅を組んだ折、堂に出入りするたびに月がつきそってくれたことを詠んだという詞書《ことばが》きが付され、良寛の歌は辞世のものだと注解したうえで、川端は、これら三つの歌に共通するのが、自然との一体化、合一であり、それこそが日本人の美意識の根本であるとともに、道元の付した題に示されるように宗教の根本でもあると述べる。さらに、良寛の歌が辞世であることから、「末期の眼」ということに話を転じていく。これは、芥川龍之介が自殺するにあたって残した遺書の中にあった語で、死んでいこうとする間際の眼に自然が限りなく美しく映るということを言っているが、ここに、良寛の辞世の歌にも通じる日本人の死に対する見方が端的にあらわれていると川端は言う。つまり、日本人にとっては、生の場合と同様、死も、自然との合一、自然への回帰なのであり、それは、西洋人の死の見方とは違うのではないかと言うのである。

そこから、今度は、一休が二度自殺をはかったという話となり、奔放無頼《ぶらい》な生き方と裏腹に烈しい求道を重ねたこの禅僧の書の中の「仏界入り易く、魔界入り難し」の語がとりあげられる。この語は、川端晩年の芸術観を凝縮した表現として遺作の『たんぽぽ』などにたびたびあらわれるものだが、魔界、すなわち、世間一般の善悪、幸不幸などの基準、境界を超えた、人間実存の極限的世界こそ芸術あるいは宗教のめざすところなのだと、川端は、一休の生死ぎりぎり、苛烈な生き方に照らしながら語る。この苛烈さは、「仏に逢へば仏を殺せ祖に逢へば祖を殺せ」という禅語にうかがわれるように、まさに禅本来の精神であり、芸術の立ち向かわねばならない運命でもあるというのである。

ついで、話題は無ということに移る。禅のめざす悟りとは、己を無にすることであり、しかし、その無とはやはり西洋の虚無とは違い、むしろその逆で、森羅万象が自在無限に通う宇宙である、そしてそれは、芸術のめざす境地でもあるとして、一休の歌が引かれる。

心とはいかなるものを言ふならん墨絵に書きし松風の音

日本（東洋）の芸術の要諦は、この一休の歌に説かれるように、芸術という心の器のうちに自然を、リアリスティックにではなく象徴的に導きいれることにある、その例を、川端は、絵、生け花、庭造り、盆栽、茶道などさまざまな領域にわたって示していく。たとえば、生け花では、開祖のひとり池坊専応《いけのぼうせんおう》の「口伝《くでん》」に「ただ小水尺樹《しょうすいしゃくじゅ》をもつて、江山数程《こうざんすうてい》の勝概《しょうがい》（おもむき）を現はし、暫時傾刻《ざんじけいこく》のあひだに、千変万化の佳興《かきょう》をもよほす。あたかも仙家《せんか》の妙術と言ひつべし」と述べられているのを紹介し、そこに日本の美の心のめざめがあるとする。

講演しめくくりは、ようやく本格的な文学の話となる。平安王朝文学の開花を告げる『古今集』『伊勢物語』から『枕草子』、とりわけ『源氏物語』にいたって古代日本文学は絶頂期を迎え、その後の日本文化に決定的な作用をおよぼしたが、やがて王朝が滅び、中世武家社会に転じていくあたりで『新古今集』に代表されるような繊細で哀感に満ち、象徴性の高い感性が生まれ、それは自分自身の感性に近いものと感じられると川端は述べて、その代表として西行をあげ、明恵の伝える西行の歌論を紹介する。そのあふれるような詩魂によって中世随一の歌人といわれたこの隠遁僧《いんとん》は、森羅万象ことごとく興趣に満ち満ちながら、その実は虚妄にほかならず（色即是空）、しかし、この虚妄が森羅万象として輝き出る（空即是色）、その刹那の綾を歌は詠むのであり、それは、すなわち、御仏の言葉、御仏の顕現にほかならないと言う。この西行の歌論――世界観の核心となる虚、虚空あるいは空というものこそ、西洋の無とは違う日本（東洋）の無の本質であり、自分の小説がめざすのも、道元の四季の歌がいうのも同じものだと、川端は最後に強調して講演を終わる。

「私」と「日本」

以上かなり盛りだくさんの内容の講演を通じて川端が日本文化の特質として説こうとした要点を整理すれば、つまるところ、次のふたつに集約できるだろう。ひとつは、自然との一体化ということであり、もうひとつは、西洋の無とは異質な日本（東洋）の無ということである。このいずれも、とりたてて、独創的な見解というわけではない。これまでとりあげてきた日本文化論のうちでは、特に、岡倉天心の『茶の本』の論などに多く重なりあうものといえる。それら先人の論をふまえ、個人としてというより、日本の代弁者として、川端は語る。そうした川端の姿勢、覚悟を端的に示すのが「美しい日本の私」という表題にほかならない。

この表題は、残されている川端の草稿を見ると、はじめ「日本の美と私――そのはしがき――」とされていたのが線を引かれて現行の「美しい日本の私――その序説」に改められている。この改変は講演直前になって行われたようだが、これによって大きく、「私」と「日本」の関係は変わることになったといえる。つまり、この「と」から「の」への入れ替えによって、はじめ「私」と「日本」は並列していたのが、「私」は「日本」の一部として内包されることになったのである。日本文化において人は日本――この場合の日本とは、「美しい」という形容がついていること、また、講演内容からみて、特に〈日本の自然〉に重点が置かれているといえる――という全体に同化し、合一している、そうした「私」としてこの場に立っていることをことさらに川端は強調しようとするのである。（ちなみに、当日通訳にあたった日本文学研究家で『雪国』の訳者であるサイデンステッカーの英訳は元の方の題に近いJAPAN THE BEAUTIFUL AND MYSELF となっている。これについては、川端とサイデンステッカーの間でやりとりがあったようだが、結局、サイデンステッカーは、少なくとも英語表現としては、「私」と「日本」を並列させる方を選択したということになる。）

「私」というものを主体として独立させるのではなく、「私」をとりまく世界のうちに融合させ、さらには、無化させてしまう。これこそは、川端が、日本の伝統から汲み取った根本思想であり、それを、彼は、文章家として、さまざまに戦略的に編み出された日本語運用に実践してきた。主語ぬき、もしくは、主語が偽装化、形骸化された構文――西田幾多郎が述語論理としてとりあげた日本語、日本人の発想のありかたの典型である――、改行を多用し、省略性、暗示性を重視した表現等だが、「美しい日本の私」という表現は、まさに、こうした日本思想、日本語運用を集約するものといってよいのである。ノーベル文学賞受賞記念講演という国際的な認知の場、披露の場において、こうした川端文学の本質が強調されたことはいかにも象徴的な事件だった（サイデンステッカーの英訳においてはこの強調は伝えられなかったわけだが）。

では、こうした川端の日本思想、日本語運用をどう受け止めるべきなのだろうか。

先に引いた講演において、大江は、川端のこうした本質を全体として〝vague（曖昧）〟と評し（大江の講演は英語で行われ、後に日本語訳が発表された）、これを批判した。個人としての自己の責任をぼかし、日本という神秘的な全体の中に閉じこもった逃避的な態度であるという批判であり、こうした批判は、本書後章でとりあげる丸山真男の日本批判などにほぼ重なる、戦後民主主義、個人主義の標準的判断といってよい。

こうした批判に川端はどう答えられただろうか。生粋の文人である川端は、大江や丸山のような論理だてたイデオロギー的な反論こそしないが、こうした批判がありうることは十分に察知し、それに対する回答を文人らしいスタイルで用意していた。一休の話からおよんだ魔界の覚悟である。大江や丸山の判断は、いわば、「仏界入り易く、魔界入り難し」の仏界のレベルの判断――正邪、善悪、倫理の分別をわきまえた常識のレベルの判断だが、川端は、そうした仏界を超えた魔界――正邪、善悪、倫理の分別が無化された常識外のレベルから物を眺めるのである。仏界のレベルから見ればデカダンスといわれるほかないことを十分承知しながら、この魔界においてこそ、そうしたデカダンスとひきかえに、人間実存の極限そして美の極限というものがあらわれる、それを川端は追求せねばやまないのである。もはや個人あるいは自己などというものにはとらわれない、いわば、身を捨ててこその覚悟でこの魔界に入る時、自他未分、自他以前の広大無限の世界が開かれる。それが、川端にとっての究極の日本だというのである。

こう見てくるなら、川端は、単に、西欧に対し日本人として挑戦するばかりでなく、常識的世界に対して芸術家――川端にとって、芸術家とは、デカダンスとひきかえに魔界に入る人間である——として挑戦しているということが分かってくるだろう。ノーベル賞授賞式という常識的世界の場において、いかにも受賞者としての常識的な役まわりを巧みに装いながら、実は、そうした常識から遠く掛け離れた孤独な独白を川端は行っていたのである。

だが、これら逆説的な事情をも含めたうえで、なお、この講演は、最初に紹介したように、日本が、その文化の独自性を、西欧にむかって初めて正面から語った歴史的な事件だったといえる。それから四半世紀を経て、大江健三郎が、同じ場において、川端の日本観を批判し、それとは対極的な理念を表明したことなどにより、川端の日本というものは相対化されていったが、それでも、依然として、今日、さらに、未来にわたって、この日本はひとつの規範として生きつづけていくだろう。(『美しい日本の私』講談社現代新書)

V　伝統日本への反逆と新しい日本像の発見

前章でとりあげた谷崎や川端をはじめ、伝統日本文化を擁護、継承しようとする思潮が時代的に最も高まったのは、戦前、昭和一〇年前後から、米欧列強との対決に挙国一致で備えていくという気運が加速し始めた時期だった。文学界でいえば、保田与重郎《やすだよじゅうろう》を中軸とする日本浪曼派がその典型であり、思想界でも、西田、和辻、九鬼らがそろってこの時期には、それぞれの論法で、皇国思想、国体思想に同調していった。

だが、こうして文学、思想まで組み込んだ総力戦は、結果的に完敗におわり、その時点から、日本社会は一大転換して戦後復興に取り組むことになる。この転換は、天皇を主権者とする旧憲法体制から国民主権を掲げる新憲法体制へという国家原理の転換を頂点として、社会のさまざまなレベルにおよび、当然、文学、思想にも深くかかわった。文学では、敗戦によってそれまでの価値観が全崩壊し、混沌《こんとん》、真空状態となった世相を描いた無頼派、第一次戦後派などから始まり、思想では、旧憲法体制を否定し、新憲法体制にのっとった民主主義思想などが登場してくる。

こうした状況を背景として、日本文化論においても、それまでの伝統日本文化のありかたを徹底的に批判し、それを乗り越えて、新たな日本文化のありかたを求めようとする種々の動きが鮮明になる。それは、戦後まもなくから復興期、一九六〇年代高度成長期、七〇年代以降と、各時期を通じて、さまざまなスタイルであらわれてくるが、ここでは、まず、その口火を切った無頼派日本文化論と、その精神を継承しながら新たな日本文化の枠組みを提示した縄文文化論をとりあげてみたい。

坂口安吾『日本文化私観』『堕落論』

太宰治と並んで無頼派を代表する作家といえる坂口安吾（本名炳五《へいご》）は、その作品、実生活を通じて、文字通り〈無頼〉——あらゆる既成の権威、価値、偶像をあからさまに批判、否定、破壊し、その結果としての混沌に身を委ねる——を具現するような破天荒な文学者だった。

明治三九年（一九〇六）、新潟の旧家に生まれた坂口は、家庭にも学校にもなじまない少年時代を送った後、上京して、仏教、フランス文学などを集中的に学び、ついで、小説創作に転じた。フランス流のファルス（風刺的笑劇）を狙いとした『風博士』（昭和六年）等により特異な才能を認められて作家生活に入り、長篇『吹雪物語』（昭和一三年）等を発表したが、戦前、戦中期は、時代状況の制約もあって、概して、まだ、十分にその真価を発揮するまでにはいたらなかった。

やがて、終戦となり、これを境に、それまで閉塞《へいそく》していた言論、出版活動が急速に息を吹き返し始めると、その先導者のように、坂口は一挙に文壇、言論界の前面に登場する。昭和二一年、評論『堕落論』によって道徳意識の革命を説き、小説『白痴』でその具体像を描き出して、世間に大きな衝撃を与え、太宰治、織田作之助らとともに無頼派として戦後文学の旗手と目された。そしてたちまちのうちに当代の流行作家となり、現代小説と並行して、『桜の森の満開の下』のような民話的小説、『信長』のような歴史小説、『不連続殺人事件』のような推理小説、『安吾新日本地理』のようなルポルタージュ文学など、さまざまなジャンルにわたって筆をふるった。だが、こうした多忙な執筆のストレスから、坂口は覚醒剤、睡眠薬中毒に陥り、生活が乱れ、さらに、税金問題で国税庁と、不正競輪問題で自転車振興会と争うなど、実生活は波瀾の連続で、元来頑健だった健康も衰えて、昭和三〇年、脳出血で急逝した。享年四八歳。

坂口の評論は、どれも、いかにも坂口らしいあけすけで奔放な口調で、ずばずばと事柄を裁断していくスタイルが潑剌とした魅力を発散し、読者を惹きつけた。とりわけ、それは、時代世相と即応して反響を呼んだ――『堕落論』がその代表例である――が、実は、そこに説かれた坂口の思想は、時代にあわせて生み出されたものではなく、すでに、それ以前から坂口本来の思想として育まれ、主張されていたものだった。『堕落論』に直結する内容のものとしては戦時中、昭和一七年に発表された『青春論』があり、これら人生論を文化論に転じたものとしては『日本文化私観』が同じ年に発表されていた。つまり、坂口は、すでに、戦時中から、一貫して、〈無頼派〉的思想を唱えつづけていたのであり、それに、世間の方が、戦後になって追いついたのである。

こうして坂口は、『青春論』『日本文化私観』において、時代に先行する予言者として、やがて来る戦後的世界を正確に見据え、そこから、それまで彼のまわりをとり囲み、抑圧してきた伝統日本なるものを徹底して批評、否定したのであり、やがて実際に戦後になると、『堕落論』においてそれを現実とつきあわせて確認したのである。

以上のような前提をふまえたうえで、時間的順序としては逆になるが、まず、『堕落論』を中心として、坂口の〈戦後的〉無頼思想の本質を検討し、ついで、それが応用されてどのような伝統文化批判に転じるかを『日本文化私観』のうちに見ていきたい。

『堕落論』

『堕落論』は、四百字詰めで二〇枚ほどの分量の小エッセイだが、冒頭、まず、坂口は次のように敗戦後の世相を論評する。

> 半年のうちに世相は変った。醜《しこ》の御楯《みたて》といでたつ我は。大君《おおきみ》のへにこそ死なめかえりみはせじ。若者達は花と散ったが、同じ彼等が生き残って闇屋《やみや》となる。ももとせの命ねがわじいつの日か御楯とゆかん君とちぎりて。けなげな心情で男を送った女達も半年の月日のうちに夫君の位牌にぬかずくことも事務的になるばかりであろうし、やがて新たな面影を胸に宿すのも遠い日のことではない。人間が変ったのではない。人間は元来そういうものであり、変ったのは世相の上皮だけのことだ。

坂口安吾

これが『堕落論』の〈堕落〉の意味である。この冒頭部につづいて、坂口は、戦争中、いかに日本人があれこれやかましい道徳規範を押しつけられてきたかを述べるが、そうした押しつけの道徳規範が敗戦とともに瓦解《がかい》して、人間性が解放され、地があらわれた、それを旧来の道徳規範にとらわれたままの常識から見ると〈堕落〉ということになる、だが、実は、それは、人間の本然に帰ることにほかならない、本来、戦争の有無などに関係なく、当たり前の摂理にもどっただけなのだと坂口は言うのである。

武士道にせよ、天皇制にせよ、日本人をこれまで縛ってきた社会システムは、いずれも、為政者が人民を統制するため、都合よく編み出した虚構にすぎない。ところが、人民自身も、これらあてがいぶちのシステムに自分をはめこんでよしとしてきた。それによって、自分の人生にそれなりの完結した意味、美――たとえば二夫にまみえず貞節を守る寡婦というような――を与えられると幻想したからである。坂口は、戦争中、自分自身、偉大なる破壊という観念にとりつかれていたことを回想する。すべてがいやおうなく滅びていく運命のもとにある、人間はもう自分をどうするかなどとあくせく思い悩む必要もない、ただ与えられた運命にすなおに従えばよいだけだと思うと、世界は圧倒的な美しさに輝き、その美しさに惚れ惚れと見とれたというのである。そうした美というものは、確かに、人を魅する。しかし、それは、やはり、幻影なのである。戦争が終わり、日常現実が戻ってきた時、こうした幻影は雲散霧消し、人は、美も、道徳も、へったくれもなく、闇屋でもなんでもして生き抜いていくことになる。それが〈堕落〉ということだが、実は、それこそは人間らしいありかたなのであり、いまや、まさに、日本人も、日本も、徹底して堕ちていくことが必要なのだ、と坂口は結ぶ。

ここで坂口が言う〈堕落〉とは、やがて一世を風靡《ふうび》するサルトル、カミュらの説いた実存主義の〈実存〉にほぼ重なるようなことといえるが、それを、いち早く、戦争直後の混沌とした世相、闇屋、戦争未亡人というような身近な生き方に即応して語ったこと、そして、なにより、「堕落」という挑発的な語をひっぱりだしてきて、それを反語的にあてはめてみせたことにより、この小論は、見事に時代の勘どころをとらえ、人々を震撼させた。太宰同様、ジャーナリスティックといえるような才を遺憾なく発揮し、まさに、無頼派の面目躍如というところである。

しかし、坂口自身、くりかえし強調しているように、これは、敗戦後という特殊な一時期かぎりの現象ではなく、人間本来のありかたなのであり（「戦争に負けたから堕ちるのではないのだ。人間だから堕ちるのであり、生きているから堕ちるだけだ」）、坂口元来の根本思想であって、戦中発表された『青春論』では、サーカス芸人や宮本武蔵に託して語られている。両者いずれも、ひたすら生き延びることだけをめざして、なりふりかまわず奮闘するところが青春だというのだが、この〈青春〉は『堕落論』の〈堕落〉にほかならない。

『日本文化私観』

こうして、坂口の〈堕落〉は、〈青春〉にも、〈恋愛〉にも、無論〈文学〉にも応用されることになるが、それを日本社会論、日本文化論に応用したのが『日本文化私観』である。

坂口は、この論を、まず、ブルーノ・タウトの日本観を引きあいにだすところから始める。タウトは、いうまでもなく、戦前、ドイツから日本にやってきて、桂離宮に代表される日本の伝統建築の簡素、優美さを絶賛した建築家で、日本人にも大きな感化をおよぼしたが、このタウトを槍玉にあげることで、坂口は、己の旗幟《きし》を鮮明にするのである。そもそもタウトの代表的著作『日本文化私観』の題名をそのまま自分の論の題名に借用したところに、坂口のタウトへの、より正確にいえば、タウトからお墨付きをもらって悦に入っている伝統崇拝者への強烈な挑発、挑戦の姿勢は歴然としているだろう。ラフカディオ・ハーン（小泉八雲）の場合などもそうだが、日本人には、外国人とりわけ西欧人から日本への肯定的評価を受けると、これを無上の権威として押しいただき、金科玉条のように振り回す習癖がある。この借り物権威主義とでもいうべき心性を根こそぎひっくりかえす狙いで、坂口は、その権威の源泉であるタウトを標的にするのである。

タウトは、桂離宮など日本の伝統古典様式を賛美する一方、現代日本の都市文化については、おおむね、浅薄な近代化の悪影響で俗悪きわまりないと痛烈に批判、否定するが、坂口は、これをそっくりひっくりかえして、桂離宮などなくても一向かまわない、俗悪な都市文化こそ自分に必要なものであり、愛するものだと言い切る。タウトが尊重畏敬する伝統などというものは、実は、思いこまれているほど、必然的なものではない。たまたま過去においてそうであっただけで、それが唯一のありかただというわけではない。そうであれば、他の選択肢がでてきて、その方が都合がよければ、伝統などにとらわれることなく、いくらでも新たな方向に転じていけばよい。着物が洋服にとって代わられたのがいい例だ。千年このかた着物を着てきたからといって、着物だけが日本人に適しているということにはならない。洋服というものが紹介されて、その方が便利だということなら洋服でよいのだ。木造建築が鉄やコンクリート建築に代わられるのもしかり、便利で実用的、つまり現在の日常生活に必要であることが一番なのだ。その結果、どんなに伝統から離れ、俗悪不様になろうとも、日本人は日本人であり、毫《ごう》も自分を見失う心配はない。

生活の中の美

昭和一二年から一三年にかけて一年ほど坂口は京都で暮らしていたことがあったが、その頃のことを回想して、あれこれ由緒ある神社仏閣より、俗悪な芝居小屋や、庶民の金銭願望が凝り固まったような願かけ石に切々とした人間の気持ちを感じて動かされたという。それに比べれば、名高い竜安寺の石庭がワビサビだとかあれこれ観念をこじつけて論じられたりしているのは、まことに頼りない。そんな観念など吹けば飛ぶようなものであり、いくら自然の深遠さをあらわそうとしているなどと主張しようとも、現実の山や海にかなうものではない。そのことを知っていた芭蕉は、だから、そんな庭から飛び出して、自然そのものの中に入っていったのだ。寺を捨てた良寛も同じであり、彼らから見れば、庭にせよ、寺にせよ、あるいは茶室にせよ、中途半端な、無きに如《し》かざるものだ。それでも、どうしても、人間として、なにか形あるもので表現せねばやまないというなら、いっそ、徹底してやったほうがよい。太閤秀吉がその好例である。城でも塀でも、造るとなると、中途半端な芸術性だとか、精神性だとかにはとらわれず、物質的豪奢のかぎりをつくす狂気じみたその姿勢には、むきだしの人間性がまざまざとあらわれ、その点で、あの芝居小屋や願かけ石と変わらない。それは俗悪だが、その俗悪さのうちになまなましい人間が息づいているのであり、「無きに如かざる」ではなく、無くてはならない、まっとうなものだ。

しめくくりとして、坂口は、彼の印象に残る三つの建造物について語る。ひとつは、京都から戻ってしばらく取手《とりで》に住んでいた当時、東京へ行き帰りする車中から見えた小菅《こすげ》刑務所の建物。もうひとつは、学生時代よく築地から佃島に渡る際に見たドライアイスの工場。そして、三つめは、旅先で見かけた入江に浮かぶ軍艦。これらに共通するのは、いずれも、実用性以外、美的考慮などというものはかけらもないということであり、そこに、まさに坂口は美を感じたというのである。それは、彼のめざす文章にも、運動選手の動作にも、戦闘機の飛翔にもいえることだが、美のための美などという空虚なものではなく、なんらかの実際上の必要から必然的に生まれた実質的な美というものを坂口は尊ぶのである。この美の基準に従うならば、法隆寺も平等院もなくてかまわない。焼ければ焼けるまでだし、停車場を作るのに必要なら、取り壊してしまえばよい。それでも日々の暮らしがちゃんと進んで行くかぎり、文化も伝統もあとからついてくる。そこにおのずと真の美が生まれる。坂口美学の結論である。

坂口『日本文化私観』の説くところを要約すれば、人間が今現在精一杯生きつつあるという事態そのものにしか意味はない、生きていくためにぎりぎり必要な手立て、工夫のうちにのみ美というものはある、それにかかわらない伝統だとか様式だとかの一切は無意味であり、美でもなく、不要なものだということになる。

こうした思想が『堕落論』に直結するものであることはすでに述べたとおりだが、この伝統否定論にせよ、その根底となる〈堕落〉思想にせよ、一見、デカダン的に見えて、実は、本質的に反デカダン的なものだった。デカダン（デカダンス）とは、元来、世紀末文化に見られるように、文化が爛熟《らんじゅく》した果てに頽廃して病的になり、異常性をきわめていく症候にほかならないが、坂口が主張するのは、まさに、タウトなどが賛美する伝統文化のありかたこそうしたデカダンであり、それを排して、人間がその本来の生命力のままに生きていく原点に帰ることによって健康をとりもどせということなのである。坂口は、この〈健康〉ということをしきりに言う。たとえば、さきほどの『日本文化私観』の結びで「見給《みたま》え、空には飛行機がとび、海には鋼鉄船が走り、高架線を電車が轟々《ごうごう》とかけて行く。我々の生活が健康である限り、西洋風の安直なバラックを模倣して得々《とくとく》としても、我々の文化は健康だ。我々の伝統も健康だ」という具合である。

〈無頼〉とは

このように坂口の思想は、それ自体は意外に単純素朴なものだが、その効果は爆弾的なものだった。坂口『日本文化私観』が吹き飛ばしたのは、直接標的としたタウトばかりでなく、これまで本書でとりあげてきた種々の論を含め、およそ、日本文化論らしい論一切といってよい。日本文化伝統のうちの何をとり、何をとらないか、何が日本的で、何がそうでないか、というような議論一切、日本的というような発想自体を無意味、無用なものとして拒絶するのである。

一体、こうした爆弾的な発想はどこからやってきたのか。

坂口個人の経歴からいえば、青年時代、仏教など宗教、哲学に熱烈に傾倒したことが、現世的な文化をつまるところ相対的なものとみる観点を示唆されたという点でひとつの下地になったかもしれない。また、フランス文学を学んで、世の中の秩序だとか価値だとかの体系をひっくりかえし、笑いのめす〝farce（笑劇）〟というものを知り、強く感化されたことも作用しているだろう。

さらに、日本の歴史上でいうなら、坂口が体現した〈無頼〉とは、元来、王朝貴族社会が衰退し、その後の中世武士社会もやがて乱れて戦国に移行していく転換期にあらわれた、体制秩序の枠を外れ、法も掟《おきて》も無視して、何にも頼らずに自力で道を切り開いていく野武士的な生き方に由来するものであり、そうした〈無頼〉の精神の系譜を、坂口は、一切の規範にとらわれず、ひたすら敵に勝つための実践的な工夫をこらして生き抜いた宮本武蔵などに見出したが、その現代における再生をめざしたともいえるだろう。

それは、いわば、一種のショック療法である。文化というものは、種々の秩序や約束事によって成り立つが、その秩序や約束事が発達していくにつれて、やがて、形骸化、硬直化していく。坂口は、伝統というものをこうした病的な事態とみなして、それをゆさぶり、活性化して、健康な状態にかえすために、文化以前の混沌とした生のエネルギー、野生あるいは野蛮のダイナミズムをぶつけようとするのである。この爆弾は見事に時宜を得て炸裂《さくれつ》し、最大限の効果を発揮した。戦前から戦中にかけて急速に硬直化し、その限界に達していた伝統主義を、敗戦というタイミングを得て、一挙に破砕し、その締めつけから日本を解放する起爆剤として十二分以上の働きをしたのである。

この起爆剤に誘導されて、戦後日本の文化論の下地が形成される。戦後の日本論の展開を眺めると、大江健三郎のノーベル賞受賞記念講演に見られるように、日本的という枠組みを取り払って、日本と外国の区別なく人間のありようを考える普遍主義的な発想や、従来では歴史以前、文化以前とみなされてきた縄文文化の発見、体制秩序から外れた周縁文化の再評価等いくつかの顕著な傾向がうかがわれるが、坂口『日本文化私観』は、それらの発想が生まれてくる土壌の地ならしをしたといえるのである。

坂口は、戦後文学の申し子のようにはなばなしい活動をくりひろげて急逝した後、長く、この固定したイメージにはめこまれて、戦後という一時期の特殊な作家とみなされることが続いてきたが、近年、ふたたび、坂口が内包していた思想の普遍的な可能性を再検討、再評価しようとする動きが強く出てきた。そうした動きの中で、小説作品と並行して、『堕落論』『日本文化私観』のような評論が日本文化論に投じた批評性の意味はさらに問われていくだろう。(『現代日本文学大系77』筑摩書房)

岡本太郎『縄文土器——民族の生命力』

岡本太郎は、ピカソにも似た破壊的なエネルギーにあふれた作風と言論によって戦後日本の美術界に風雲を巻き起こした異端児であり、大阪万博の太陽の塔、晩年の「芸術は爆発だ」というキャッチフレーズなどによって一般世間にまで広く道化者的存在として親しまれた。共同体秩序をかき乱し、それによって文化の活性化をもたらすトリックスターといえる。

漫画家岡本一平、小説家岡本かの子を両親として明治四四年（一九一一）東京に生まれた岡本は、画家を志して東京美術学校に進学後、両親の欧州旅行に同行して昭和五年渡欧、そのままパリにとどまって美術修行を続けた。当時最先端の流派であったシュールレアリスム運動に参加して積極的に活動する一方、哲学、社会学、民族学にも関心をもって学んだ。昭和一五年帰国、一七年からは兵役について戦中を送ったが、終戦後、創作活動を再開、夜の会など、当時の前衛芸術家グループなどとも交流して、戦後の新しい芸術運動の第一線で活動した。

一方、並行して、岡本は、独自の美意識、価値観に基づいて過去の日本文化、美術を見直すことを志して各地を探訪し、従来の常識的文化観、美術観では異端視され、あるいは無視されて埋もれていた沖縄、アイヌ、縄文等の文化に着目、再評価を行った。こうした活動は、フランスで参加していたシュールレアリスム運動やその他の現代芸術運動において、従来の西欧的美意識、世界観を乗り越えるためにアフリカ原住民美術、呪術、祭祀《さいし》儀礼、神話などを研究し、取りこんだレリス、ピカソなどの発想を応用したものといえるが、それによって提示された縄文、アイヌ文化観等は、美術界にとどまらず、一般世間にまで大きな反響をよび、戦後の日本文化論の展開に強い刺激を与えた。

岡本は、その破壊的エネルギー、トリックスター性という点で坂口安吾と似通った資質の持ち主であり、その日本文化観も、従来の常識的文化観、美意識の否定、逆転という点では坂口の『日本文化私観』と重なるが、岡本の場合は、さらに、そのうえに、シュールレアリスム、人類学など幅広い知見に基づいて、新たな文化領域の発見をもたらしたことがめざましい点だった。

岡本の活動は、座ることを拒否する椅子の制作など常に挑発的であり、また、テレビなどでことさら誇張、戯画的にふるまってみせるなど積極的に世俗に出ていく姿勢が著しかったが、それも、自らのトリックスター的役割を十分意識し、演出したもので、それ自体が生きた芸術であったといえる。坂口が、戦後の伝統破壊的運動の先導者をつとめたとすれば、岡本はその展開可能性を戦後期いっぱい最大限に追求して、平成八年、八四歳で没した。

縄文の発見

『縄文土器——民族の生命力』は昭和二七年、美術雑誌『みずゑ』に掲載され、後、伝統論、光琳論、作庭論などとあわせて単行本『日本の伝統』（昭和三一年）に収録された。岡本の日本文化再評価は、沖縄、アイヌ、出雲《いずも》、東北など、大和中央文化圏の辺境あるいは圏外に位置する異端的な文化——ちょうど柳田、折口らの民俗学が研究対象とした範囲に重なる——を軸として広く展開されたが、その中でも最も岡本が力を入れたのが縄文文化である。従来の常識的日本文化史の区分では、せいぜい弥生文化あたりからが文化らしい文化であって、それ以前の縄文期は、いわば文化以前の考古学的研究の対象として扱われ、柳田、折口らも正面からとりあげることのなかったものだが、岡本は、あえて、この文化以前の領域に、その後の文化からは徐々に失われていった原初的、本来的な文化の可能性を見出そうとするのである。

そうした意図のもとに、この縄文文化論は、まず、縄文文化というものが弥生以降の文化とは決定的に異質なものであること、弥生以降の常識的文化概念、美意識では理解できないものであることを強調することから始まる。

縄文土器を目にした印象を岡本は次のように語る。

じっさい、不可思議な美観です。荒々しい不協和音がうなりをたてるような形態、紋様。そのすさまじさに圧倒される。

はげしく追いかぶさり、重なりあって、突きあげ、下降し、旋回する隆線紋《りゅうせんもん》（粘土を紐のようにして土器の外がわにはりつけ、紋様をえがいたもの）。これでもかこれでもかと、執拗にせまる緊張感。しかも純粋に透った神経のするどさ。

とくに爛熟したこの文化の中期の美観のすさまじさは、息がつまるようです。つねづね芸術の本質は超自然的なはげしさだと言って、いやったらしさを主張する私でさえ、思わず叫びたくなる凄《すご》みです。

こうした縄文土器の特質は、弥生以降日本文化の静的で、繊細な美観とは全く対照的なものだが、その背景には、生活条件の基本的な違いがあったはずだとして、岡本は、弥生以降の稲作農耕を中心とする暮らしに対し縄文期では狩猟が主となっていたこと、それが縄文人の心性に大きな作用をおよぼしたことを論じる。農耕がほぼ予定された通りのリズムに従って営々といとなまれる安定した作業であるのとは対照的に、狩猟は予測のつかない種々の状況に次々と直面して切り抜けていかねばならない不安定きわまりない作業であり、それにあわせて縄文人の心性は激しく揺れ動き、不安と恍惚がないまぜになった、複雑なものとなる。それが土器の美観に反映されて、あの激しく動き回る隆線紋となるのだ。土器の形態全体に見られる不規則性、不均衡性も同様である。弥生以降の静的な美学からすれば、グロテスク、不調和としかいいようのないものだが、そこに有無をいわさぬ力強さ、独自の美があらわれる。

さらに注目すべきこととして、岡本は、縄文土器の造形には、ムーア、ジャコメッティ、カルダーらの現代彫刻に匹敵する空間性の表現が見られることを指摘する。従来までの彫刻では作品外部に広がる単なる背景的場にすぎなかった空間を積極的に作品のうちに取りこんだ現代彫刻と同じような空間処理、空間意識がまざまざと感じとれるというのである。そして、その理由として、やはり、狩猟というものが鋭敏な空間感覚を要求したことをあげる。こうした空間感覚は、やがて、農耕社会になると、地面という平面に縛りつけられることによって衰え、忘れられてしまったが、それが現代になってふたたび甦ることになる。高層建築が林立し、飛行機やロケットが空を飛ぶようになって、現代人の暮らしに空間性が入りこんできたからである。その反映が現代彫

岡本太郎

刻の立体空間性であり、それに照応して、かつての縄文時代の立体空間性が現代人の感覚に訴えるようになったのだと、岡本は、現代における縄文文化復権の必然性を説く。

呪術的心性

ついで岡本は、狩猟生活が縄文人の心性におよぼしたより深い作用として、呪術性をあげる。狩猟という偶然性に支配され、また、動物という生き物を相手にする営みでは、呪術に頼る心性が必然的に発達する。偶然を左右する神的存在に、また、動物の霊に働きかけねばならないからである。こうした呪術的心性について近代人はおおむね無意味な迷信として蔑視してきたが、縄文人の心性内部に立ち入ってみるなら、そこには、近代的思考とは別種の思考が働いていることが理解されるだろうとして、岡本は、フランスの社会学者、人類学者レヴィ＝ブリュルの loi de participation（分有の法則あるいは融即の法則）とよばれる説を紹介する。人や動物や石や木が、それ自体であると同時に、他でもあるというこの思考にのっとれば、動物を仕留めようとして、その動物と同一である石なり土偶なりに呪《まじな》いをかければよいということになるのである。

そして、この縄文人の狩猟における人間と獲物である動物との関係は、近代人の考える人間と動物の関係とはまるで違うことも強調される。近代人にとって、動物は、人間が一方的に支配し、処理することのできる存在にすぎないが、縄文人が狩猟をする場合には、獲物である動物は、人間と対等、互角に渡り合う存在であり、倒すべき敵であると同時に、自分たちを倒すかもしれない恐るべき存在、また、命の糧を与えてくれる恵み深き存在として神聖視されるのである。アイヌの熊祭りにそうした心性は歴然とあらわれている。そこでは、熊を神とみなし、それを畏敬するがゆえに、殺して、その肉を食う、それによって熊の霊をなぐさめるという錯綜《さくそう》した心性が宗教儀礼に昇華されて表現されている。近代人にとっては理解しにくいこうした心性こそ、実は、人間と世界との原初的、本来的関係のありかたを示すものであり、それは縄文土器の激しい美観にも通じるものなのである。そして、それは、実は、現代人にも無縁ではないはずだ。縄文人の呪術的心性がそのまま通用するわけではないが、水爆や経済恐慌など予見しがたい不安定な状況にさらされている現代人にとって、縄文土器にあらわれている激しい葛藤のドラマは痛切に訴えてくるだろう。

近代社会において、芸術はしだいに現実から切り離され、〈芸術のための芸術〉というような狭く閉ざされた世界に追い込まれてきたが、縄文土器は、生きることがそのまま芸術になったような芸術本来のありかたを示している。そこに現代人は還らなければならないと岡本は結ぶ。

岡本太郎の位置

美術家としての岡本の活動は、まさに文学における坂口安吾の活動に相当するようなもので、美術界における無頼派といってよかったが、伝統日本文化に対する評価もほぼ軌を一にしていた。因習、形骸化した伝統的美意識、価値観を全否定して、俗なる日常生活の喜怒哀楽をまるごと、直接に受け止め、表現すること、常に、現在ただ今の状況から出発し、そこに還らねばならないことを強調するのであり、その背景には、敗戦によって、それまでのもろもろの価値基準が転覆、崩壊し、混沌となった時代状況がまざまざと見てとれる。思想史的にいえば、この時期、フランスから移入されて急速に浸透したサルトルに代表される実存主義思想が色濃く反映しているだろう。岡本が縄文狩猟文化の本質として強調する現実の不安定性、予測不可能性とは、実存主義でいうなら、カミュの有名な「不条理」性そのものにほかならない。理性では了解しがたい不条理な現実に直面して、そこに己を賭けるしかない、行動するしかないという人間実存の宿命を、縄文狩猟文化はまざまざと体現しているのである。実存主義は、やはり、戦後の混沌、不安定、不確定な現実状況から生まれ、浸透していった思想運動だが、岡本は、そうした時代意識を同時代人として共有したうえで、その原型を縄文文化に見出すのである。縄文期と現代の世界状況、縄文人と現代人の心性に共通するものがあることを強調するのも、そのためである。

さらに、岡本の縄文文化評価の直接的な支えとなったのは、戦前、フランスで参加していたシュールレアリスム運動ないし前衛美術運動と、それに連動する人類学的関心である。縄文土器のグロテスクなまでに異様な美観に岡本は魅せられ、「超自然的」と呼んで称賛するが、それは、ピカソらがアフリカ原住民仮面彫刻の怪異な相貌に、これまでの西欧美術の枠組みを破壊し、超えるありかたを見出したのと同様であり、また、こうした怪異な表現を生み出した心性を探ろうとして、レリスらがアフリカ原住民の呪術文化を研究したのと同様の関心から岡本は、縄文土器を生み出した縄文人の心性に近づいていこうとするのである。

このように、岡本の縄文文化評価は、西欧においてそれまでの西欧的文化枠組みを乗り越えようとして生まれてきた実存主義あるいはシュールレアリスム運動に並行する試みだったが、それによって提示された縄文文化のヴィジョンは、戦後の日本文化論の展開に大きな新領域を開くことになる。

先に触れたように、岡本が関心を寄せる沖縄、アイヌ、東北、縄文等の文化は、柳田、折口ら民俗学者によって本格的な調査研究が開始されたが、その場合には、基本的に、後代の日本文化形成の原点を求める、たとえば、神事、芸能の起源を探るというような枠組みで行われてきた。それが、岡本の場合は、弥生以降の文化とははっきり切り離し、異質な、独自の自立した文化として縄文をとりあげるのである。それによって、従来、基本的に弥生以降に限定されてきた日本文化枠組みをひと回り拡張した新たな日本文化枠組みというものが提示される。

無論、この段階での岡本の見取り図は、まだ、ごく初歩的な、漠然たるものにすぎないが、それでも、この見取り図は、ひと通り、その後の縄文文化論展開の方向を予言的に指し示すものとなっている。

戦後、多方面からの縄文文化掘り起こしの作業が進んでいった結果、従来は文化以前の空白とみなされてきたようなこの世界が、実は、きわめて奥深く、内容豊かなものであって、現在にまでいたる日本文化の土台となってきていること、日本外縁から東北アジア、シベリア、北アメリカ等にまで広がる幅広い文化圏を形作っていたこと、弥生以降農耕共同体から天皇制国家へと進んでいった社会形態とは異質の部族的社会を営み、異質の文化、心性を発達させていたことなどが知られるようになった。そして、この文化の意味を重視し、それによって、従来までのもっぱら弥生以降に限定されていた日本文化概念を拡大、反転させようとする傾向があらわれてきた。おおよそ一九七〇年代以降、柳田や折口の再評価と並行するように、こうした傾向は顕著になってきたが、その背景としては、これまでも、しばしば触れたように、この時期から、近代文明の行き詰まりを乗り越えようとして、近代以前の文化を再評価する動きが本格化し、その方向の最終目標として縄文文化が大きく浮かび上がってきたということがいえる。

とりわけ柳田や折口民俗学が基本的に日本という枠組み内部で展開されるのに対し、縄文文化評価の場合には、日本から外への展開が視野に入れられているということが大きなポイントとなる。縄文を日本文化の基底に据えることによって、日本を特殊な、閉ざされたものとしてではなく、その周縁部から古代世界全体へ開かれた、普遍的な文明として位置づける視野が生まれてくるのである。学問方法論的には、レヴィ＝ストロースに代表される文化人類学の視点が、こうした縄文文化評価を支えるものとなるだろう。レヴィ＝ストロースは一九六二年に発表した『野生の思考』において、それまでの戦後思想界を支配していたサルトルの哲学を、人間中心主義、西欧中心主義に偏した近代的思想の最終形態として批判し、それに対して、トーテミズムなどを軸とするいわゆる未開民族の発想を、人間と自然の関係を共生的なものとしてとらえる「野生の思考」として擁護する立場をうちだした。これによって、それまでの近代的世界観から脱近代的（ポストモダン）世界観への転回という現代思想の大きな潮流が始まったといってよいが、その鍵となる「野生の思考」とは、まさに、縄文的心性に対応するものにほかならない。自然を、一方的に、人間の都合にあわせて操作改変し、人為的システムのうちに組みこんで利用する科学技術のような発想（牧畜、農耕文化以降始まったこうした発想をレヴィ＝ストロースは「栽培化された思考」と呼ぶ、日本でいえば、弥生以降の文化に相当する）に対し、自然と人間を、両者双方を包み込む全体的な摂理のうちに位置づけ、相互対等に、畏敬しあい、やりとりする発想である。従来の人間中心主義的な世界観では、文明以前の「未開」、「野蛮」、「迷信」などと蔑視されてきたこうした発想にこそ、人間中心主義の行き詰まり（たとえば科学技術開発がひきおこした核兵器、環境破壊等）を克服し、文明を再生させる可能性を見出せるとして再評価、復権が始まり、やがて、七〇年代あたりからのエコロジー運動などに展開されていくわけだが、日本においても、こうした世界的な思潮に連動して、梅原猛などによる縄文文化再評価が本格的に進むことになる。

岡本の縄文文化論は、そうした動きに先行して、ほとんど独力で道を開いたものといえる。美術家としての直感から出発し、戦前フランスで参加したシュールレアリスムなど前衛美術運動、それと連動した人類学等をいわば手作業で組み合わせて作りあげられたこの文化論は、坂口安吾が地ならしした戦後的土台の上に初めて築かれた戦後的日本文化論だったが、それは、見取り図的とはいえ、戦前までの日本文化論の枠組みを超えた視野を提示することによって、その後の日本文化論の展開に鮮明な方向性を開いた。美術家としてと同様、文化史家としても、岡本は傑出したトリックスターとしての足跡を残した。（『現代日本文学大系97』筑摩書房）

VI　西欧近代社会モデル対伝統日本心性

戦後日本文化論の大きな特色は、社会学、心理学、生理学など、戦前までの日本文化論にはあまり見られなかった方法論が種々取りこまれるようになったことである。これは、それまでの論が主として美学、文学、哲学など人文系の領域で行われ、ともすると、主観的感覚、情緒性に頼った自己完結的な傾向を帯びることがあったのを批判して、より広い視野から客観的に日本文化のありようを再検討し、あるべき方向性を示そうという気運によるものといえるが、そこから、さまざまな成果が生まれてきた。

ここでは、その中から、戦後民主主義の立場に立って、戦前までの日本社会システムのありかたを解明批判し、あらためて、西欧近代市民社会型システムの構築を提案した進歩派日本文化論と、その後、今一度、西欧とは異質な日本社会固有のシステムのありかたを再検討、再評価しようとした日本文化論のうちから代表的なものを紹介、対比したい。

丸山真男『日本の思想』

丸山真男《まさお》は、戦後日本のいわゆる進歩的文化人とよばれる知識人の代表的存在だった。明治から戦前、戦中までの日本が表向き近代化を急ぎながら、その実質は依然として前近代的、封建的な体質のままで、その食い違いの結果、太平洋戦争の開戦と敗北、大日本帝国の崩壊にいたったという自覚反省の上に立って、主権者としての国民が主体となって真の近代社会としての戦後日本を築いていこうという民主主義理念を説き、啓蒙活動を行う知識人集団の牽引者と目されて影響力を発揮した。

丸山は大正三年（一九一四）大阪に生まれ、東京帝大で政治学を学び、特に日本政治思想史を専攻した。卒業後もそのまま大学に残って研究、教育にあたり、一貫してアカデミックな研究者としてすごしたが、その研究は、単に学者として客観的な分析を行うにとどまらず、その分析を通じて明らかにされた社会事象を自らの価値観に従って意味づけ、位置づけようとする点に特色があり、それによって、おのずと、現実日本社会に対する批評となった。初期の代表的論文『超国家主義の論理と心理』（昭和二一年）で、挙国一致戦争体制にいたる軍部、政府の発想、行動原理を解明し、その非論理性、無責任性を指摘して批判したのは典型的な例である。

戦後、言論統制が解かれて社会的発言が自由になり、また、先に述べたような進歩派的思潮が盛んになるにつれて、こうした丸山の発言の社会批評性、その影響力は急速に増大し、単に、日本社会に残存する旧体制的要素の指摘、批判にとどまらず、新たな民主主義的社会建設への指針を示し、その実践を促す予言者的役割を果たすまでになった。

昭和三六年（一九六一）に刊行された『日本の思想』は、このような戦後丸山の言論活動を代表するものといえよう。『日本政治思想史研究』『現代政治の思想と行動』のような本格的学問業績に比べれば、質量ともに軽量の一般啓蒙書であるが、そうであればこそ、一部の専門研究者に限られない広範な一般読者に丸山の日本観の要点を明快に伝え、大きな影響をおよぼした。日米安保条約改定問題等がおこったこの一九六〇年前後は、進歩派思潮が最高潮に達した時期であり、その格好の手引き書として『日本の思想』は読まれ、論じられた。そして、そこで説かれている日本人の思想、行動体質の特性は、その後の日本論の基本的前提として広く流布することになった。

やがて、六〇年代末から七〇年代にかけて、大学紛争、左翼陣営の分裂解体、さらに東西対決（資本主義世界対共産主義世界）構造の変容等の事態を受けて、丸山の影響力は徐々に相対化されていったが、なお、進歩派の象徴的存在としてありつづけた。

晩年、丸山は健康上の事情もあってジャーナリズム、論壇の第一線からは退き、平成八年(一九九六)、八二歳で没した。

分析と実践

『日本の思想』は、既発表の二つの論文と二つの講演記録をまとめて構成されているが、そのうち「I日本の思想」は、日本思想史の非連続性、戦前天皇制の没主体的特質、理論信仰と実感信仰という三つの主題を束ねて日本思想の体質を論じており、本書の中軸となっている。「II近代日本の思想と文学」は、Iの理論信仰と実感信仰という問題を、戦前日本思想、文学、特に、大正末マルクス主義移入以降の文学界における思想と文学ないし政治と文学論争を例にとって論じる。後半の二講演記録「III思想のあり方について」と「IV『である』ことと『する』こと」は、それぞれ、内容的にはIで総括的に論じられている日本人の思想行動パターンのうち、特に現代日本社会に顕著なものをとりあげて、その問題点を指摘し、克服への指針を提示する。前半二論文が、丸山の学者としての分析的アプローチを発揮してこれまでの日本の思想のありかたを批評的に浮き彫りにするのに対して、後半二講演は、この分析をふまえたうえで、警世家として現状から将来への実践、行動を促すという組み合わせである。

思想の自己閉鎖性と雑居性

「I日本の思想」は、はじめに、〈まえがき〉として、ヨーロッパにおける全体的思想史に相当するものが日本ではなぜ乏しいかという問題提起から始まる。儒学史とか仏教史というような、それぞれ個別の思想史はあっても、それらを束ねて全体を展望する思想史がないというのであり、その原因を、丸山は、個々の思想がそれぞれ自己完結ないし自己閉鎖的傾向を守っていて、雑然と同居しているにすぎず、相互連関的全体を形作るということがないということに起因すると述べる。ヨーロッパの場合のように思想同士が互いに対決し、交流する、その蓄積から思想史の伝統が形成されていく、そして、その伝統に照らしてそれぞれの思想の歴史的位置の確認が行われるということがないのである。その結果どういうことが起きるかというと、あれやこれやの思想の断片が、論理的、歴史的関連などおかまいなく、その時々の都合にあわせて勝手気ままに取りこまれ、使い捨てされるという事態が生じる。その著しいケースが、明治開国以降の思想状況で、儒教・仏教・神道など旧来の思想に加え、新たに次々と西欧から移入されてくる諸思想が入り乱れて、無秩序に接合され、混乱を生み出した。弁証法と仏教一如哲学が接合されて東西思想の総合が唱えられ、マルクシズムから日本思想への転向の根拠づけとされたりする類である。そして、表向きの近代化を覆すように、しばしば、伝統への回帰が突発的に飛び出してくる。また、マルクシズムのような強固な論理性を主張する思想に対しては、かつて本居宣長が儒教の論理性を拒否したのと同様の激しい反発が生まれ、無思想の思想が主張される。

こうした状況を丸山は概観し、日本の近代がいかにヨーロッパ的近代からかけ離れた独特のものであるか確認したうえで、それを集約する最大の現象として国体の分析にとりかかる。

国体

国体とは、旧憲法体制下において国家原理の中核となる天皇主権のありよう総体といってよいが、この戦前日本社会を絶対的に支配した原理の仕組みが実はきわめて曖昧茫漠としたものであったこと、逆にいえば、曖昧茫漠としていることによって絶大な権威をふるったことを丸山は指摘する。天皇主権といいながら、では、この主権が具体的にどう発動されるか、その意志決定の過程に立ち入って検討してみると、天皇の意志を取り巻きの重臣たちが推し量り、助言して具体化していく輔弼《ほひつ》という仕組みがとられていて、天皇個人に決定責任がおよばないよう、かといって取り巻きの誰彼の責任でもないというようになっている。集団責任ともいえる仕組みだが、丸山は、むしろそれが「巨大な無責任への転落の可能性をつねに内包している」（強調丸山）と述べる。責任の所在が曖昧なまま権威が膨れあがり、その権威に対して人民は無条件、無限に服従しなければならない。（ここで表立ってはいわないが、こうした体制の結果として、戦前昭和期、軍部の暴走、太平洋戦争開戦と敗北等の事態が起こったと丸山は考えているだろう。）

　このような国体のありかたには、旧憲法体制が、西欧立憲君主制を範として作られながら、実際の運用においては、西欧的発想とは異質な日本文化特有の発想によって動いていたことが歴然とあらわれている。西欧立憲君主制は、それまでの西欧社会の歴史伝統をふまえ、明確な責任意識をもって合理的に構成された制度であるのに対して、日本の場合は、そうした責任関係の明確化を避け、社会全体が漠然あるいは雑然と一体化して、究極的には家族共同体のように機能することをめざした制度なのである。

丸山真男

　こうして近代的な制度と、伝統的なその内実とがせめぎあい、均衡を崩しそうになるところをかろうじてつなぎとめるようにして進んできたのが、これまでの近代日本社会にほかならないと丸山は見る。

実感信仰と理論信仰

こうした制度とその内実の食い違い、対立は、建前と本音という形で社会のさまざまな面に見られるものだが、学問芸術の世界では、これが社会科学とりわけマルクス主義における理論信仰と文学における実感信仰の衝突という際立った形であらわれる。

日本の近代文学、とりわけその主流をなしてきた自然主義から私小説においては、リアリズムという旗印のもとに、実生活上の事実と感覚というものが絶対的に重視されてきた。個々の具体的な事実、それに伴って生じた感覚を、できるだけそっくり、ありのままに再現、伝達することが至上命題となったのである。こうした傾向は、リアリズムという西欧から移入された理念を看板としていたものの、実は、むしろ、論理、抽象、観念を毛嫌いし、ひたすら感性に従って物事を受け入れるという本居宣長流の心性によるといってよいが、その結果として、こうした文学は、近代化に伴って西欧から移入されてきたあらゆる制度的なもの、あるいは、理論的なものに激しく反発することになる。丸山は、これを「あらゆる政治や社会のイデオロギーに『不潔な抽象』を嗅ぎつけ、ひたすら自我の実感にたてこもる思考様式」と規定し、「実感信仰」と名付けて、近代日本知識人の発想のひとつの基本型とした。

こうした「実感信仰」が強固なイデオロギーに実際にぶつかるとどういう反応が生じるか、その最大の例がマルクス主義の移入である。このマルクス主義の移入は、近代日本人にとって、初めて全体的、総合的なイデオロギーと本格的に正面から向き合う画期的な事件であり、さまざまな影響を文学者や知識人におよぼしたが、そのうち、丸山は、「実感信仰」に対立する「理論信仰」の発生という問題に注目してとりあげる。ちょうど、種々の制度や技術などを移入するにあたって、本来それら制度や技術を生み出してきた物の考え方にまでさかのぼって理解受容しようとするのではなく、できあがった結果だけをまるごと鵜呑《うの》みにするように取りこんだのと同様、このマルクス主義という思想の移入においても、その膨大な体系、命題を、不可侵の金科玉条のように無批判に崇拝、信仰し、現実との整合性などおかまいなしにやたらに公式をふりまわすありかたである。この「理論信仰」というものも、近代日本知識人に、特に社会科学の分野において、広く見られた現象であり、その対極にある「実感信仰」と激しくいがみあい、互いに相手を蔑視してそっぽを向き合うような対立をつづけた。マルクス主義と、そこから派生したプロレタリア文学が出現して以来、文壇、論壇全体を巻きこんで続いた政治と文学論争がその典型例である（これについては「II近代日本の思想と文学」で具体的にくわしく論じられる）。

こうして「実感信仰」と「理論信仰」というふたつの特徴的な思考様式をならべて眺めわたしながら、丸山は、そこに、日本の近代化というものの上滑りな実態が裏腹の形であらわれているとみなし、それを日本人が自覚して、「実感信仰」「理論信仰」双方の側が互いにそっぽを向き合うのではなく、対話、交流することにより共通の場に進むべきことを説くのである。

雑居から雑種へ

以上いくつかの問題をめぐって行ってきた考察をまとめた結論として、丸山は、結局、日本の近代化というものが、西欧文化という新しい異質な文化の移入にあたって、本質的な対決、対話による革新という方向には進まず、やはり、従来の雑居的同居という形で処理した結果、ますます無秩序、混乱がひどくなり、それは、敗戦によって克服されるどころか、逆に、国体というたががが外されることにより、いっそう激化し、極限にいたったと述べる。こうした状況について、丸山は、当時話題になっていた加藤周一の『雑種文化論』を引きあいに出したうえで警告を発する。加藤の論は、日本文化が本来異種の文化をかけあわせた雑種性を基本としていることを説き、そこに積極的な意味を見出すことを提唱するもので、丸山も、その基本的な趣旨には賛同するものの、強い留保条件をひとつつける。それは、異種の文化が同居しているとしても、それらが本当に交流し、かけあわされて雑種という新たな文化を生み出すまでにいたらず、ただ、それぞれ孤立、自閉しながら雑居しているだけでは不毛な混迷がつづくばかりだということである。この雑居状態を真の雑種の創造にまで高めることが鍵なのであり、そのためには、日本人ひとりひとりが明確な自己認識と主体性をもって取り組むほかなく、それによって初めて真の〈革命〉が達成されると言い切って丸山はこの日本論をしめくくる。

『日本の思想』後半のふたつの講演記録は、いずれも、「I日本の思想」で指摘した日本人の発想の特異性、その問題点を、身近な暮らしの中の行動パターンとして分かりやすく示し、特に、そのパターンを記号化した「ササラ型とタコツボ型」、「『である』と『する』」という斬新、端的な表現は丸山日本観のキーワードとして広く普及することになった。

そのうち、まず、「III思想のあり方について」では、西欧と日本におけるコミュニケーションのありかたの差が論じられる。西欧社会においては、階級や職業などによってさまざまな集団が分かれて存在していても、その基盤に、教会やサロンなどで横断的に人々が交流する場が存在していて、そこを媒介に社会全体のコミュニケーションというものが行われてきた。それに対し、日本では、そうした横断的な交流の場が乏しくて、異なった集団同士は、互いに孤立、自閉する傾向が強く、この傾向は、近代に入り、専門分化した組織制度を西欧からそっくり移入して、その分化された枠組みにすっぽりはまりこむことによって、ますます助長されることになった。こうした対照を丸山は「ササラ（細かく割った竹を束ねた用具。先端は分かれているが根元はひとつになっている）型」と「タコツボ（蛸を捕らえるための壺。

蛸は一匹ずつこの壺に入りこむと、もう外に出られなくなってしまう）型」とパターン化して、タコツボ型日本社会では、他の専門集団とのコミュニケーションがとれないために、相互に、相手に対して実体から離れた固定観念的イメージを肥大させていき、ますます混乱が拡大していくと警告するのである。そして、こうした傾向を押しとどめるためには、縦割り的組織から独立した横断的なコミュニケーション回路を強化して、他集団の物の見方、考え方を知り、それを突き合わせて、現実の社会のありようを確認していく手立てを工夫することが必要だと説く。

「である」と「する」

一方、「Ⅳ『である』ことと『する』こと」では、与えられた状況に対して、それをただそのまま受容するだけの受け身的姿勢と、不断にその状況に働きかけ、維持あるいは改革していくような能動的姿勢の対比が、それぞれ、前近代日本封建社会と近代西欧民主社会を例として論じられる。

丸山によれば、フランス革命などの激しい闘争を通じてそれまでの専制社会、階級社会を打ち倒し、勝ちとられた西欧近代民主主義社会というものは、いったん成立してしまえば、あとはそのまま自動的に進んでいくというようなものではなく、制度が形骸化、硬直化をきたさないよう、絶えず、その働きが本来のありかたから外れていないか、監視し、確認していく努力が必要とされるのである。そして、そこでは、身分門地というような与えられた条件よりも、自分がどう行動し、何を達成したかという能動性が重要になる。

これに対し、日本の徳川時代のような封建社会では、士農工商というような個人ごとにあらかじめ規定された条件が決定的な意味をもっていて、その個人がどう行動したかというような事柄は二次的な意味しかもたない。徳川幕府のイデオロギーであった儒学もこうした固定した身分階級制度社会を根拠づけるものだった。

このふたつの社会のありかたを対比して、丸山は、「する」社会と「である」社会とパターン化したうえで、後者から前者への移行の歴史的必然性を説く。社会が発展し、活性化していけばいくほど、人々の関係のありかたは流動化することになり、それにつれて「である」より「する」の比重が高まってくるのである。近代社会において、個人は、どういう出自素性かということより、何をどうしたかということが重要になる。肩書より業績というような例である。

ところが、日本においては、制度的には、近代民主主義社会となったにもかかわらず、その内実を見ると、依然として「する」より「である」の発想が強く働いている。戦後の政治のありようを見ても、既存の状況をそのまま受け入れる姿勢が強く、それを批判し、改革をはかるような動きは鈍い。これには、民主主義にせよ他の制度にせよ、西欧の場合のように、自力で獲得し、作りだしていったものではなく、すでにできあがったものを与えられ、受け入れるにとどまったという事情が反映しているが、これからは、そうした受け身の姿勢ではなく、個人ひとりひとりが、主体性をもって、政治行動に立ち上がることが必要とされるだろう。このように「である」から「する」への転換を丸山は強く説くが、最後にひとつだけ留保条件をつける。それは、学問、芸術のような文化的領域においては、「する」に追われて、いたずらに変化、革新をあせることは、かえって、学問、芸術の本来的な意味すなわち現実社会の動きとは別次元の目に見えない精神的価値を追求するという意味をそこなうことになる、これらの領域では、むしろ、「である」に重点を置いた伝統的質の維持蓄積が大切であるという点である。これについても近代日本では、混乱、倒錯がはなはだしく、「する」であるべきところに「である」が居座っているのとは逆に、「である」が尊重されるべきところを「する」が侵食しているという傾向が見られる。この「する」と「である」のバランスを正しくとることが今日の日本の課題であると丸山は結ぶ。

日本批判と進歩主義

『日本の思想』は、比較的軽い語調で種々の問題、事例を次々にとりあげて論じていくスタイルをとっており、緻密に体系的に構成された思想書という様子はない。しかし、全体を通してみると、そこには、はっきりとした日本観が一貫している。まず、日本には、種々の思想が生起しても、それらは、相互に対話、交流するということがなく、その結果、それぞれ自己の立場を自覚し、他との関係を規定することによって全体的な思想史構造を作りあげていくまでにいたらず、雑然とした集合にとどまっているということであり、また、日本人には、明確な個人主体の意識が希薄であり、与えられた状況をそのまま受け身的に取りこむにとどまっているということである。こうした日本のありかたを丸山は西欧社会と対比しながら指摘し、また、批判して、克服の方向を説く。

このような日本観に対しては、大きな反響があった。『日本の思想』には、かなり長いあとがきがつけられているが、そのなかで、丸山は、これらの論が最初に発表されて以来、種々の反応があったこと、とりわけ、丸山の日本観が予想外の反発をひきおこしたことを紹介している。たとえば、「もっぱら（日本人の）欠陥や病理だけを暴露したとか、西欧の近代を『理想』化して、それとの落差で日本の思想的伝統を裁いたとか、いったたぐい」（強調丸山）の論評がなされ、あるいは「実感信仰」の分析が日本人の感覚性を侮辱するものだとして文学者から猛烈な反発が寄せられたりしたというもので、これに対し、丸山は、一方的に日本批判のみを意図するということはなく、日本人の発想の可能性を評価する用意もある、実感信仰のみをあげつらったのではなく、「理論信仰」をも問題としている、こうした被害者意識的心性そのものが日本人的であるなどと反論するが、ともかくも、こうした反発をひきおこしたこと自体、丸山の日本観が衝撃的なものであったことを示しているといえる。坂口安吾の場合同様、丸山は、それまで一種聖域化されてきた日本的伝統というものに正面から立ち向かって、あからさまにその正体を暴き出すという禁忌破りを犯したのであり、それによって、一部の伝統主義者の間に、日本人としての存在の根拠を覆されたという屈辱感、憤激をまきおこしたのである。

こうした事態は、まさに、戦後を象徴するものだった。敗戦によって、それまでの旧憲法体制が崩壊し、旧体制によって守られてきた日本的伝統という聖域がむきだしにされて、容赦ない分析、批判にさらされることになったのであり、そうした状況をめぐって、これを推し進めようとする進歩派と阻止しようとする保守派の対立が明瞭にあらわれることになったのである。

丸山の切り開いたこうした日本文化分析は、主として社会科学の分野で、西欧市民社会を標準に日本社会に残存する前近代性、封建性を解明するという方法論として広く一般化していった。やがて一九七〇年代あたりから西欧社会を標準とするありかたが相対化されるようになって、丸山的方法論はしだいに後方に退くようになるが、先に述べたような戦後的意義、

そのおよぼした影響の大きさは現在にいたるまでつづいているといえる。(『日本の思想』岩波新書)

土居健郎『「甘え」の構造』

一九六〇年代、日本は飛躍的な経済発展を遂げて、敗戦以来の欧米との格差を解消し、それにつれて、自国文化への信頼をも回復していった。日本型経営システムの再評価などがその典型である。丸山真男のように近代西欧社会のありようを標準として日本社会の前近代性を裁断していくというのではなく、日本には日本固有の社会のありようがあるという立場に立って、その原理性、機能性を明らかにしようとする試みがさまざまな分野で行われるようになった。

そうした中で、最も広い反響をよんだもののひとつが土居《どい》健郎《たけお》の『「甘え」の構造』(昭和四六年)である。

大正九年東京に生まれた土居は東京大学医学部で精神医学を学び、臨床心理分析の専門家となった。戦後、昭和二五年から二七年にかけてアメリカに留学、その後も何度か訪米して研修、研究をつづけるうちに、欧米人と日本人の発想の違いに関心を抱くようになり、従来のような欧米精神分析理論ではとらえることのできない日本人特有の心性を分析、理論化する方法論の開発をめざすようになった。そして、その鍵として「甘え」という心性が日本人の人間関係、社会構造の基本になっていることを骨子とする日本文化理論を創案、これを広く一般読者を対象として、『「甘え」の構造』にまとめたのである。日本語語彙《ごい》の分析から始まって、日常的な人間関係、現代社会の諸現象などを幅広くとりあげ、分析解釈したこの論は、日本人の生活実感に即した理論として広く迎えられた。その後、土居は、夏目漱石の小説作品に描かれた人物像、人間関係のありかたを「甘え」理論によって解釈した『漱石文学における「甘え」の研究』等によって、さらに広く理論の応用展開をはかり、その浸透の結果、「甘え」は、日本人論の基本概念のひとつとして定着するまでにいたった。

「甘え」の着想

『「甘え」の構造』は、全五章から構成されるが、そのうち、まず、第一章は、この着想を得たアメリカ体験の話から始まる。アメリカで暮らすようになって、その折々のアメリカ人の対応に、土居は、違和感、困惑を感じることがあったと述べる。たとえば、初対面のアメリカ人の家に招かれて、いきなり「おなかがすいているか」と聞かれ、遠慮してすいていないと答えると、「あー、そう」とあっさり受け取られて、そのまま、何も出てこなかった、こちらとしては、客の様子を推し量って何か出してくれるものかと思っていたのに、というような例である。つまり、アメリカ人には、相手に対する遠慮とか思いやりというような微妙なやりとりが通用しないのに戸惑ったということだが、このことは、裏を返せば、そうした遠慮や思いやりを重視する日本人こそが、欧米人の基準ではとらえられない特殊な心性の民族であることを示しているともいえる。

この体験をきっかけとして考え始めるようになった土居は、ついで、民族心性の特質は用いる言語と密接にかかわっているだろうということを、精神科医として実際に患者に接し、その話を聞いたり、所見報告を記したりするうちに実感するようになった。言葉こそは、人間の心のありようを端的に反映する媒体だからである。そして、このふたつの体験を経て、土居は、日本語に特有の「甘え」という言葉、これに関連した「気がね」「ひねくれる」「すねる」「ひがむ」等の一連の心理をあらわす言葉に日本人特有の心性が集約されてあらわれており、これらの言葉――概念によって、日本人、日本文化の特質を解釈、理論化できるという仮説に到達した。

以後、土居は、この仮説を、日本、アメリカ両国での臨床医体験、小説、映画などの事例に即して確認していき、さらに、社会学や宗教学など他分野での研究と照合させることによって、日本文化理論として完成させたという。

こうした着想から理論化までの土居の研究経過に特徴的なのは、比較文化的であること、日常観察、実践的であること、また、総合的なことであり、これらは、アメリカで発達したプラグマティズムに基づいた文化研究、たとえば、土居も多くの示唆を受けたという文化人類学者ルース・ベネディクトの日本文化論『菊と刀』などに近い性質のものといえる。戦後、日本は、生活全般にわたって圧倒的なアメリカの影響を受けたが、文化研究においても、アメリカ的発想、方法論が強く入ってきた。土居の研究は、そうした傾向を代表する例でもある。

「甘え」の諸相

では、こうした「甘え」の文化とはどういうものか。まず、土居は、「甘え」によって動いている日本社会、日本人の種々のありようを列挙してみせる。「甘え」とは、幼児が母親に依存する心性を原型とするもので、他人が、無条件で、言わず語らずのうちに、自分の心情を察し、受け入れ、庇護してくれることを求める心性、他人と己の未分一体化を求める心性といってよいが、この心性が、日本においては、成人においても、支配的な作用をおよぼしている具体的な例として、義理人情、内と外、罪と恥などのありようを分析するのである。たとえば、相反するものとしてとらえられることの多い義理人情について、土居は、人情とは甘えそのもの、甘えに浸り、陶酔する感情であり、一方、義理とは、甘え的な関係を強調、強要する考え方であって、いずれも、甘えを人間関係の純なるものとして志向する心性のあらわれであると説明し、こうした義理人情に支配されてきた伝統日本社会は「甘えの瀰《び》漫《まん》した世界であったといって過言ではない」と述べる。

また、日本人にとっては、内と外という心理的区分が社会生活のさまざまな面（会社、学校、交友、政治等集団活動全般）で大きな役割を果たしていること、この区分が、血縁によって結ばれた家族（身内）を中心として甘えが許される範囲が内であり、それが通用しない世界が外であるという二分法から成り立っていることを指摘する。日本人は、この内と外の区分を基準として、態度を変えることが多い。内には甘く、外には冷たい、あるいは、逆に、内ではわがままを通すが、外に出ると遠慮がちになるというように、内と外で行動基準が違ってくるのである。

ベネディクトの『菊と刀』の中でも最もよく知られる西欧人の「罪の文化」に対する日本人の「恥の文化」という規定も、土居の解釈によれば、この内と外という区分に帰着する。日本人にとっては、内という帰属集団を裏切るかどうか、ということが善悪の基準となるのであり、それが恥という感覚としてあらわれるというのである。

また、丸山真男が無責任体制として批判した戦前までの天皇制のありかた、特に、その政治的意志決定のありかたについて、土居は、「輔弼《ほひつ》」という語をとりあげて、次のように分析する。すなわち、至高権者である天皇が、あえて、取り巻きの重臣たちの助言を受けて、政治的意志決定を行うという仕組みは、まさに、甘えそのものの制度化であり、日本国家全体が甘えの構造を機軸として成り立っていることを示しているというのである。

ついで、土居は、こうした甘えの心性が日本文化においてどのように扱われ、位置づけられてきたかを検討する。

甘えという現象が、元来、幼児の母親への依存を原型とするならば、それ自体は、日本に限らず、他民族にも普遍的に存在するはずであるが、日本の場合には、それに特に「甘え」という語をあてて重視し、「甘え」の文化というものを種々発達させてきたことが際立った点であると土居は強調する。たとえば禅の悟りの境地あるいは神道の「惟神《かんながら》の道」などがそうだが、これらは、いずれも、分別を捨て、分別以前の自他未分、自他一体の世界に還ることを説く点で、まさに、甘えの思想といえるのである。こうした思想のありかたは、丸山真男のような西欧的思想規範から見れば、無定見、無責任と批判されうるものだが、日本人は、元来、それで一向に差し支えない、むしろ、その無差別、寛容なありかたをこそ究極の思想としてきたといえる。『善の研究』以来の西田哲学というものも、その系譜に連なるものにほかならない。これら日本思想は、本来幼児期の一時的心性である甘えを、全的に拡大、展開した思想ということができるのである。

このように甘えというものが全的に支配する社会においては、個人は常に集団の中にくみこまれ、他人と相互依存の関係にあるのであって、西欧社会で規範とされるような真の精神的独立、自由というものはありえない。ところが、そこに、明治以降、西欧の精神的独立、自由の理念が入ってきた結果、さまざまな混乱、葛藤が生じることになった。その典型的な例を、土居は、漱石の小説作品、たとえば、『坊っちゃん』の主人公のふるまいのうちに見てとって分析する。意識の上では、独立自尊の人間と自認し、誇りながら、無意識下では、甘えの心情に支配されている結果、矛盾葛藤に苦しむことになるというのである。

土居健郎

こうした日本の状況を指摘したうえで、しかし、それでは、西欧の独立自由の理念というものも絶対的であるのだろうかと、今度は西欧の側にむかって、土居は問いかえす。西欧人は、この他人に依存しない独立自由というありかたを誇りとし、よりどころとしてきたが、それもまた相対的なものではないだろうか。マルクス、ニーチェ、フロイトなどの例を引いて、土居は、絶対的自由などというものが幻想にすぎないことが西欧社会自体において露呈してきたと指摘し、そこからふりかえるなら、他人との相互依存的関係において暮らす日本社会のありかたの方がむしろ現実的でありうると述べる。甘えというものが、元来、普遍的な心性である以上、それを絶対的に否定、排除するようなことも自己欺瞞《ぎまん》にほかならないというのである。

ついで、土居は、臨床医としての立場から、種々の精神病理的症状をとりあげ、これを、甘えの心性によって説明してみせる。神経質、対人恐怖、強迫神経症、同性愛、被害妄想等だが、これらの症例を分析して、土居は、いずれも、一口でいえば、甘えようとして十分に甘えることがかなわない鬱屈《うっくつ》がさまざまに変形されてあらわれてきたものと解釈する。たとえば、対人恐怖だが、これは、本来、幼児の人見知りという現象が拡大されたものだという。物心ついた幼児が、まだ母親に密着して（甘え）、見知らぬ他人にはなじまないという傾向が、成人してからもつづいて、これが病的にひどくなったのが対人恐怖だというのであり、その原因として、土居は、なんらかの事情により幼児期に十分満たされるまで甘えることができなかったため、人見知りの段階を卒業することができず、尾をひいているという分析をくだすと同時に、こうした症状が日本に多く、とりわけ、明治以降の近代化にかかわっていると論じる。明治以前の日本社会においては、甘えが全的に浸透し、許されていたために、こうした対人関係の葛藤は少なく、また、人見知りというものも、奥ゆかしい恥じらいとして受け入れられていた。ところが、近代に入り、西欧的規範が入ってくるにしたがって、甘えが十分には許されなくなり、人見知りは人格的未成熟として否定されるようになった結果、急激にストレスが高まり、おびえ、恐怖の感情を誘発するにいたったというのである。

「甘え」と現代社会

土居は、この著書の前書きで、こうした一般向け啓蒙書を執筆した理由として、ちょうど、一九七〇年前後の社会激動期に出会って、その意味を自分なりに解釈し、世に問うてみたかったからだと記しているが、全共闘運動に代表されるこの時期の状況に、土居は、大きな文明史的変動を読み取り、それを甘え理論の枠組みでとらえようと試みる。

まず、土居は、全共闘的な運動が、体制変革とか大学改革とかのスローガンを掲げているのは表向きのことであって、その根底にあるのは、世代闘争であると述べる。フロイトのエディプス・コンプレックス理論に説かれているように、青年世代が自我に目覚めて自分を抑えつけてきた父親世代に対抗し、打ち負かそうとする闘争であり、その意味では、世代ごとにくりかえされてきた普遍的な現象にすぎないが、この場合に特徴的なのは、対抗すべき父親世代がもはや権威を失い、抑圧的な存在ではなくなって、逆に子供世代と馴れ合い、甘えあって、同化してしまっているために、目標、方向を喪失して、むやみやたらな混乱状態に陥っていることだという。そして、それは、実は、日本だけの問題ではなく、全共闘運動に先立っておこったフランスの五月革命やアメリカのヒッピー運動にあらわれているように、西欧社会にも同時的に生じた世界規模の文明現象であるといえる。世界史的文明変動がおこっているのである。かつて西欧社会は、神、理性、科学技術等の権威を掲げて父性を強調してきたが、そうした権威が二〇世紀を通じて次々に有効性を失っていった結果、こうした状況にいたったのであり、世界全体が父性を喪失し、幼児的甘えの心性に退行しつつあるのだと土居は解釈する。では、こうした状況をどう評価すべきか。父性的権威による抑圧が取り除かれて、母性的甘えの自然状態が回復され、人間性が解放されたと肯定することもできるが、もう一方では、やはり人間は幼児的甘えの世界にいつまでもとどまっていることはできず、自立をめざして、強い父性に憧れ、その父にむかって挑んでいくのが健全なのだと批判することもできる。土居は、その間に立って、いずれとも決めかねて逡巡《しゅんじゅん》する。この逡巡が『「甘え」の構造』の結論となる。

戦後日本の折り返し点

初めに紹介したように、土居が甘えの着想を得る契機となったのは、戦後、アメリカを訪れ、アメリカ人の発想に接したという体験だった。それによって、土居は、それまで十分自覚してこなかった日本人特有の心性としての甘えというものに気づき、研究に着手したのだった。そして、その研究を進めていくにあたっても、土居は、アメリカ・プラグマティズム的な方法を用い、理論形成を行っていった。その結果として『「甘え」の構造』という日本文化論が生まれたのである。

こうした経過は、土居個人のものであると同時に、実は、並行して、敗戦から『「甘え」の構造』が執筆刊行された一九七〇年前後までの戦後日本社会全体のありようを反映するものでもあった。この時期、日本は、圧倒的なアメリカ文化に出会い、影響支配され、葛藤しながら自己再生、自己模索を行っていったのであり、それが、五〇年代復興期から六〇年代高度成長期を経て折り返し点に達したのが七〇年前後なのだった。この時点にいたって、日本は、ようやく、この二五年ほど無我夢中で進んできた行程をふりかえり、その意味を確めようとする。『「甘え」の構造』は、まさに、その役割を果たしたのだといえる。土居の論が幅広く日本社会に受け入れられ、その後の日本文化論の基本前提のひとつとなったのは、そうした事情によるだろう。

では、この折り返し点までの戦後二五年を土居はどのような時期とみなしているだろうか。一口でいうなら、それは、日本社会を支えてきた甘えの文化というものが急速に崩壊し、失われていくとともに、そのことによって、この甘えの文化の構造が露呈されることになった時期であると土居は規定する。

無論、それ以前には、明治開国という最初の段階があって、それにより、上に述べたような過程はすでに始まっていたわけだが、日米戦争の敗北、その後のアメリカによる支配、影響という第二の開国によって、この過程は決定的に進み、その意味が表にさらけだされたというのである。

そうした認識は、丸山真男などとほぼ共通するものだといえるが、丸山の場合には、限界を露呈したこうした従来の日本のありかたを近代西欧的基準によって裁断し、そのうえで新しい方向にむけて改革することを提唱するのに対し、土居は、崩壊し、失われつつあるとしても、なお、この日本以外の日本はありえないとして、そこに残された可能性を探ろうとするのである。甘えには、表裏一体となった二面がある。甘えによって満たされた世界は、それを外から見るなら、非論理的、閉鎖的、私的であって、さまざまな病理を生み出すが、内側から見れば、無限に寛容な、肯定的な世界であって、人を癒し、心的エネルギーを湧き出させるといえる。その両面を自覚したうえで、それをどう止揚、超克していくかを土居は自問する。

まさに、この時期、日本は、そうした転回点にあったのであり、『「甘え」の構造』に前後して、同様の状況認識、問題意識をもった日本文化論がさまざまな分野からあらわれてくる。

たとえば、文芸評論の分野で、第三の新人作家たちの小説作品を分析、批評した江藤淳の

『成熟と喪失――〝母〟の崩壊』（一九六七年）は、土居ときわめて似通った戦後日本認識を示している。冒頭、まず、フロイト派精神分析家エリクソンの『幼児期と社会』を下敷きとして、母への甘えを拒まれ、傷心をかかえて、ひとり荒れ野を行くカウボーイの孤独なありようにアメリカ人の心性が集約されていると説いたあと、それとは対極的な母子密着文化を育んできた日本社会が、戦後、圧倒的なアメリカ文化の流入につれて、急速に、それまでの伝統文化を喪失し、解体されていくなりゆきを江藤は綿密に跡づけていく。江藤の場合も、エリクソンの援用に見られるように、アメリカ留学体験がこうした視点を得るきっかけとなっていることまで含め、土居ときわめて近い立場から日本社会を眺めているのである。そのうえで、結論としては、江藤は、この〝母〟なるものの崩壊を自覚して、受け止め、成熟にむかわねばならないこと、その成熟とは、もはや〝母〟に頼ることなく、自ら直接他者と対決することであり、この成熟を通じて〝父〟とならねばならないことを説く。

一方、『成熟と喪失』で論じられた第三の新人作家のひとり遠藤周作の場合は、やはり、フランスに留学することによって、西欧の厳しい父性的文化と日本の優しい母性的文化の対照を自覚し、その板挟みとなる体験を経たうえで、キリシタン宣教師の転向を主題とした長篇小説『沈黙』（一九六六年）以降、江藤とは逆に、日本の母性的文化の起源に還っていく道筋を見出そうと試みることになる。

土居の系譜をつぐ精神分析的立場からの日本文化論としては、小此木啓吾《おこのぎけいご》『モラトリアム人間の時代』(一九七七年)が、成年に達しても、甘え的依存関係から脱しようとしない傾向が青年層から社会全体にまで広がりつつある時代状況を論じて、大きな反響をよんだ。こうした「モラトリアム」傾向は、その後、ますます進行して、常態化しているといってよいが、その最初の兆候は、土居が注目していたように、六〇年代末の全共闘運動、世界的にいえば、その前後の五月革命、ヒッピー運動等からあらわれ始めていたのである。

さらに、ユング派の精神分析家河合隼雄《かわいはやお》は、『母性社会日本の病理』(一九七六年)、『中空構造日本の深層』(一九八二年)などの著作において、甘え——母性的文化原理を軸とする日本論を広く展開している。河合の場合には、ユング思想の枠組みにのっとって、個人的深層意識の基部に広がる共同的深層意識を重視し、日本人の自他未分的心性をこの共同的深層意識の反映としてとらえる見方を提示する。そして、こうした心性のありかたに対し、一面では、土居が指摘したような病理的危険性があるが、基本的には、自他分別的な個人意識の閉塞性から人間を解放、救済する可能性を有していると、積極的に評価する姿勢を見せるのである。この評価の姿勢は、中村雄二郎が西田哲学の述語論理を再評価するのなどと同様、近代個人主義の限界を自覚して、それを乗り越えようとするポストモダン的思潮のあらわれといえるが、その起源も、やはり、『「甘え」の構造』が世に出た一九七〇年前後にさかのぼる。

こうして、『「甘え」の構造』は、戦後日本が折り返し点にさしかかった時点で、それまでの日本の総括をするとともに、その後、二一世紀の現在にいたる日本の状況を予見していたといえる。一九七〇年代以降、日本文化についての議論は、以前にもまして活況を呈しているが、上にあげた例にも見られるように、その多くに、土居の「甘え」理論は有形無形にかかわってきた。戦後日本文化状況の転回点に立てられた里程標といってよいのである。

（『「甘え」の構造』弘文堂）

むすび

明治二七年（一八九四）刊行の『日本風景論』から昭和四六年（一九七一）刊行の『「甘え」の構造』まで、明治・大正・昭和三代にわたる一五の日本文化論を読んできた。序に述べたように、これで近代日本人の日本文化観の全容をカバーできるというものではとてもないが、それでも、一通りの系譜をたどることはできたかと思う。

開国の激動、混沌が一段落し、近代国家としての枠組みが整い始めた明治二〇年代から三〇年代、日本は、日清、日露のふたつの対外戦争にぶつかったこともあって、いやおうなく、諸外国とりわけ西欧諸国に対し、自分たちがどのような個性をもった民族であるのか、どのような文化原理によって動いているのか確認し、示す必要に迫られた。この課題に三者三様にこたえたのが志賀重昂、新渡戸稲造、岡倉天心らだった。彼らが世界と日本双方にむけて発した著作には、近代日本の国造りをすすめたこの世代の日本人が、あるべき日本文化の形としてどういうグランドデザインを描こうとしていたか、そのヴィジョン、メッセージが鮮明にあらわれでている。

　こうした開拓者、創建者の世代のヴィジョンが、まず、日本文化を大づかみに眺めわたし、その主たるピークとなるような特質をとりだし、浮かびあがらせたとすれば、そうした中心的領域から外れ、埋もれ気味になってきた周縁的領域を掘り出し、その意味を探ろうとしたのが、柳田国男、折口信夫、柳宗悦らの民俗学あるいは民芸運動だった。彼らがむかったのは、主に、近代以前、辺境僻地の民衆生活だが、そこから、近代文化、中央文化を相対化するような種々の文化のありかたの可能性をひきだしたのである。

　一方、西田幾多郎、和辻哲郎、九鬼周造らの哲学者、谷崎潤一郎、川端康成らの文学者は、それぞれの哲学的論理あるいは文人的感性にしたがって伝統日本文化の種々の特質をとりだし、展開してみせた。それによって、プリズムのように眺める角度に応じて多彩な姿をあらわす日本文化の相が鮮やかに浮かびあがってきただろう。

　そして敗戦による大きな衝撃がやってくる。この米英などの連合軍に対する全面敗北という事態は、日本社会のありかたを根底から覆したが、当然、それは、日本文化への姿勢にも根本的な転換をもたらした。従来、伝統的価値とされてきた諸特質のことごとくを批判、粉砕して、いわば文化以前の、むきだしの裸に日本を還元する（坂口安吾）、あるいは、従来、文化以前とみなされてきたような領域を、あらためて対抗的文化として発見、評価する（岡本太郎）等の動きが前面に登場し、この仕切り直しをふまえて戦後日本文化論は再出発したのである。

再出発後の展開については、本書では、丸山真男、土居健郎のふたりの例にしか触れられなかったが、二一世紀の現在にいたるまでさまざまな行程があることはいうまでもない。とりわけ、丸山・土居の後をうけて、一九七〇年代以降、ポストモダンと総称される脱近代文明原理の潮流において、それまでの近代日本文化論の枠組みが多様な角度から批判的に再検討され、新たな方向が模索される過程については、あらためて十分な考察が必要だが、まだ流動的な要素が多いこともあり、今回は見送ることにした。他日を期したい。

こうして、いわば見本帳のように一通り近代日本文化論の流れをたどってきて感じられることは、まず、当然ながら、時代の推移にしたがってその色合いが移り変わってきているということである。とりわけ、明治から昭和までの日本は、開国から始まって近代化、対外競争そして敗戦、復興というように激しい変転をつづけてきて、その波に文化も巻き込まれざるをえなかった。日本文化論の変遷は、そのひとつのバロメーターであるといってもよい。

一方、時代の変転にもまれながらも、あるいは、そうであればなおさら、日本人が、自分を確認するよすが——鏡として伝統日本文化をふりかえり、その自分との関係を問いつづけてきたことも強く感じられたことだった。新渡戸、天心あるいは和辻、九鬼のように外からふりかえる場合、柳田、折口、柳あるいは谷崎のように内からふりかえる場合、坂口や丸山のように否定的、批判的にふりかえる場合と、ありかたはさまざまだが、いずれの場合にも、自他未分、自然との一体性などの特徴的要素から成り立つこの伝統日本文化のありようにどうかかわるかということが、それぞれの思想の試金石となってきたのだった。明治開国以来、全面的な近代化、西欧化の路線をひた走ってきた日本だが、その精神的核として、このように脈々と伝統日本文化が作用しつづけてきたことは、やはり、特筆すべき事実と思われる。

二一世紀に入ったこの先も、日本が日本であるかぎり、そうした事態はつづいていくことだろう。日本人は鏡を覗きこみつづけていくだろう。

あとがき

以前、同じ中公新書から佐伯彰一、芳賀徹両氏の編集による『外国人による日本論の名著』という本が出て、私もその中の二項目ほどを担当させていただいた。幕末から現代にいたる四二人の外国人による日本論を紹介したもので、全体に大変目配りのよい、比較文化的な知見に富んだ内容で、私自身、大いに活用させてもらってきた。

それで、これに対応して、日本人自身による日本論を一通り眺め渡せるようなものができないかと考えて書き下ろすことにしたのが本書である。

序にも述べたように、日本人は自分たちの特質にことさら強い関心を抱いてきた民族であり、それに応じて、おびただしい日本論を書きつづり、読んできた。こうした経過をざっと筋道をつけてたどることができればという狙いである。

普通こうした広い範囲にわたるものは、前掲書のように、複数の専門家が集まって、それぞれの得意分野ごとに分担執筆するという場合が多いが、今回は、あえてひとりで通して書かせてもらうことにした。私は、比較文学、比較文化を専門とするとはいえ、必ずしも、こうした日本人論史一筋に、網羅的《もうら》、体系的に研究してきたわけではなく、ましてや、とりあげた人物ひとりひとりに満遍《まんべん》なく通暁《つうぎょう》しているということもない。それでもひとりで書くことにしたのは、こうした領域に関心をもってあれこれと読みつづけてきた一読者の視点から見えてくる全体的な流れ、展望というものを伝えて、考えるヒントにしてもらいたいという気持ちがあったからである。

今回こうした形で書き下ろしてみて、私があらためて痛感したのは、時代や論者によって実にさまざまな論が並びながら、それらを順に見ていくと、リレーのように、ひとつの論から別の論へと流れ、伝えられていくものがあるということである。系譜とはそういうことである。このリレーの形、系譜の形には、天心から九鬼へというような宿命的なものもあれば、坂口がタウトに託してぶちまけたような反発、否定というようなものもあるという具合にてんでんばらばらのように見えて、しかし、それらがあわさって緊密な一体を構成しているのであり、まさに精神的共同体といってよいような光景を呈している。その光景の感触を一続きに実況中継したいというのが本書執筆中考えていたことだった。

ふりかえると、私がこうした領域の問題に関心を持ち始めたのは、二〇代後半に三年間フランスに留学し、いやおうなく、西欧文明に対し自分の出自である日本が何であるのかということを考えざるをえなくなって以来であり、それから、あれやこれや、三〇年近くにわたってこの問題を考えつづけてきた。それに、今回、ひとまずの報告書をだした気分である。

本書の刊行にあたっては、中央公論新社中公新書編集部の松室徹氏にひとかたならぬお世話をいただいた。厚くお礼申しあげたい。

二〇〇三年五月　東京

大久保喬樹

大久保喬樹（おおくぼ・たかき）

1946年（昭和21年）生まれ．横浜に育つ．東京大学教養学部フランス科卒業．パリ第三大学および高等師範学校に留学．東京大学大学院比較文学修士課程中退．東京女子大学教授を経て，同大学名誉教授．2020年（令和２年）逝去．
著書『岡倉天心』（小沢書店）
『旅する時間』（小沢書店）
『森羅変容』（小沢書店）
『近代日本文学の源流』（新典社）
『風流のヒント』（小学館）
『見出された「日本」』（平凡社）
『川端康成』（ミネルヴァ書房）
『日本文化論の名著入門』（角川学芸出版）
『洋行の時代』（中公新書）
訳書『新訳茶の本』（岡倉天心著，角川ソフィア文庫）

日本《に》本《ほん》文《ぶん》化《か》論《ろん》の系《けい》譜《ふ》
中公新書 *1696*

2003年５月25日初版
2024年12月25日７版

著　者　大久保喬樹
発行者　安 部 順 一

本文印刷　暁　印　刷
カバー印刷　大熊整美堂
製　　本　小 泉 製 本

発行所　中央公論新社
〒100-8152
東京都千代田区大手町1-7-1
電話　販売 03-5299-1730
　　　編集 03-5299-1830
URL https://www.chuko.co.jp/

定価はカバーに表示してあります．落丁本・乱丁本はお手数ですが小社販売部宛にお送りください．送料小社負担にてお取り替えいたします．

本書の無断複製（コピー）は著作権法上での例外を除き禁じられています．また，代行業者等に依頼してスキャンやデジタル化することは，たとえ個人や家庭内の利用を目的とする場合でも著作権法違反です．

©2003 Takaki OKUBO
Published by CHUOKORON-SHINSHA, INC.
Printed in Japan　ISBN978-4-12-101696-6 C1236

哲学・思想

a1

- 1 日本の名著（改版） 桑原武夫編
- 2187 物語 哲学の歴史 伊藤邦武
- 2378 保守主義とは何か 宇野重規
- 2288 フランクフルト学派 細見和之
- 2300 フランス現代思想史 岡本裕一朗
- 2036 日本哲学小史 熊野純彦編著
- 832 外国人による日本論の名著 佐伯彰一・芳賀徹編
- 1696 日本文化論の系譜 大久保喬樹
- 2243 武士道の名著 山本博文
- 312 徳川思想小史 源了圓
- 2097 江戸の思想史 田尻祐一郎
- 2276 本居宣長 田中康二
- 2458 折口信夫 植村和秀
- 1989 諸子百家 湯浅邦弘
- 2153 論語 湯浅邦弘
- 36 荘子 福永光司
- 1695 韓非子 冨谷至
- 1120 中国思想を考える 金谷治
- 2042 菜根譚 湯浅邦弘
- 2220 言語学の教室 西村義樹・野矢茂樹
- 1862 入門！論理学 野矢茂樹
- 448 詭弁論理学（改版） 野崎昭弘
- 593 逆説論理学 野崎昭弘
- 2087 フランス的思考 石井洋二郎
- 1939 ニーチェ ツァラトゥストラの謎 村井則夫
- 2257 ハンナ・アーレント 矢野久美子
- 2339 ロラン・バルト 石川美子
- 674 時間と自己 木村敏
- 1829 空間の謎・時間の謎 内井惣七
- 814 科学的方法とは何か 浅田彰・黒田末寿・佐和隆光・長野敬・山口昌哉
- 1333 生命知としての場の論理 清水博
- 2176 動物に魂はあるのか 金森修
- 2203 集合知とは何か 西垣通